100色をめぐる旅

日本の絶景パレット

心が求める色を探しに

永岡書店

心に寄り添い、沁み込む
色、色、色──

めぐりゆく四季や、刻まれていく時で
表情を変える日本の風景。
100の色で、その時、その場所を切り取っていくと
それはやがて
あなたの心を彩るパレットになります。

嬉しいとき、悲しいとき、
笑いたいとき、泣きたいとき──。

あなたが今、出会いたいのは
この国のどんな色？　どんな風景？

心が求める色を探しに
さあ、色彩の旅へ出かけましょう。

100色をめぐる旅
心が求める色を探しに
日本の絶景パレット
―― 目次 ――

日本の絶景パレットの
楽しみ方 ……………………………… 8

青

星峠の棚田 新潟県 ……………………… 12
にこ淵 高知県 ………………………… 16
高野崎 青森県 ………………………… 18
日和山海岸 兵庫県 ……………………… 20
国営ひたち海浜公園 茨城県 ……………… 22
タウシュベツ川橋梁 北海道 ……………… 24
銀水洞 鹿児島県 ……………………… 26
小豆島エンジェルロード 香川県 …………… 28
大津海岸の
ジュエリーアイス 北海道 ……………… 30
みちのく あじさい園 岩手県 …………… 32

水

東平安名崎 沖縄県 ……………………… 36
堂ヶ島天窓洞 静岡県 …………………… 40
JR予讃線 愛媛県 ……………………… 42
神の子池 北海道 ……………………… 44
英虞湾 三重県 ………………………… 46
四万十川の沈下橋 高知県 ………………… 48
千仏鍾乳洞 福岡県 ……………………… 50
夢の吊り橋 静岡県 ……………………… 52

紫

白川郷 岐阜県 ………………………… 56
小田代原 栃木県 ……………………… 58
白毫寺の藤棚 兵庫県 …………………… 60
三十槌の氷柱 埼玉県 …………………… 62
橋杭岩 和歌山県 ……………………… 64
蹴上インクライン 京都府 ………………… 66
横手雪まつりのかまくら 秋田県 …………… 68
高ボッチ 長野県 ……………………… 70

桃

花筏 青森県 ………………………… 74
かたくり群生の郷 秋田県 ………………… 78
紫雲出山の桜 香川県 …………………… 80
ひがしもこと芝桜公園 北海道 …………… 82
猪苗代ハーブ園の
アンブレラスカイ 福島県 ……………… 84
大魚神社の海中鳥居 佐賀県 ……………… 86
花桃の里 長野県 ……………………… 88
幸福駅駅舎 北海道 ……………………… 90

黄

三ノ倉高原のひまわり畑	福島県	138
横浜町の菜の花畑	青森県	142
鳥取砂丘	鳥取県	144
昭和記念公園の銀杏並木	東京都	146
曽爾高原	奈良県	148
大谷資料館	栃木県	150
白米千枚田	石川県	152
長岡まつり大花火大会	新潟県	154

赤

安国寺のドウダンツツジ	兵庫府	94
元乃隅神社	山口県	98
道祖神祭り(野沢温泉)	長野県	100
キムアネップ岬	北海道	102
青岸渡寺	和歌山県	104
嫗仙の滝	群馬県	106
河口湖畔のコキア	山梨県	108
血の池地獄	大分県	110
蔦沼	青森県	112
万燈籠	奈良県	114

茶

熊野古道	和歌山県	158
親不知レンガトンネル	新潟県	162
祖谷渓のかずら橋	徳島県	164
伊豆大島裏砂漠	東京都	166
馬籠宿	岐阜県	168
屋久島	鹿児島県	170
足尾銅山跡	栃木県	172

橙

父母ヶ浜	香川県	118
小貝川ふれあい公園	茨城県	122
ローソク島の夕陽	島根県	124
東大阪ジャンクション	大阪府	126
香嵐渓	愛知県	128
江川海岸	千葉県	130
広島の灯籠流し	広島県	132
大洗磯前神社	茨城県	134

緑

国賀海岸	島根県	176
メタセコイア並木	滋賀県	178
嵯峨野の竹林	京都府	182
高千穂峡	宮崎県	184
あらぎ島	和歌山県	186
弥陀ヶ原湿原	山形県	188
山犬嶽	徳島県	190
阿蘇・草千里	熊本県	192
オンネトー湯の滝	北海道	194
大室山	静岡県	196

白

霧幻峡 福島県	200
白崎海洋公園 和歌山県	204
仙石原 神奈川県	206
御射鹿池 長野県	208
イーフビーチ 沖縄県	210
白水ダム 大分県	212
羽黒山の雪の五重塔 山形県	214
釧路湿原のタンチョウ 北海道	216

灰

仏ヶ浦 青森県	220
軍艦島 長崎県	224
平尾台 福岡県	226
玄武洞 兵庫県	228
波崎ウインドファーム 茨城県	230
寝覚の床 長野県	232
石切山脈 茨城県	234

黒

秩父の雲海夜景 埼玉県	238
八重山蛍 沖縄県	240
御輿来海岸 熊本県	242
シワガラの滝 兵庫県	244
シラスウナギ漁 徳島県	246
秋芳洞 山口県	248
首都圏外郭放水路 埼玉県	250
八方池 長野県	252

蹴上インクライン P.66
メタセコイア並木 P.178
嵯峨野の竹林 P.182

日和山海岸 P.20
白毫寺の藤棚 P.60
安国寺のドウダンツツジ P.94
鳥取砂丘 P.144
玄武洞 P.228
シワガラの滝 P.244

ローソク島の夕陽 P.124
国賀海岸 P.176

元乃隅神社 P.98
広島の灯籠流し P.132
秋芳洞 P.248

千仏鍾乳洞 P.50
血の池地獄 P.110
平尾台 P.226

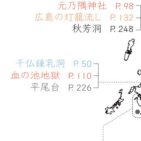

大魚神社の海中鳥居 P.86
高千穂峡 P.184
阿蘇・草千里 P.192
白水ダム P.212
軍艦島 P.224
御輿来海岸 P.242

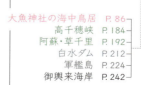

屋久島 P.170

銀水洞 P.26

日本の絶景パレット の 楽しみ方

日本の絶景を、青・水・紫・桃・赤・橙・黄・茶・緑・白・灰・黒の12色順に並べ、美しいパレットに見立てています。

心奪われるページをランダムに見るもよし、心を落ち着けたいときに青を、パワーチャージしたいときに赤の絶景を見るなど、そのときの気分で色を変えて眺めるカラーセラピーのようにも活用できます。

群青色（ぐんじょういろ）

4月の見頃の時期には世界中から人がやってくる。あまり人が写り込まないような写真を撮りたければできるだけ早い時間に行ったほうがいい

● 掲載情報は、発刊時の情報ですので、状況に応じて変わる場合があります。旅行の前に必ず最新情報をご確認ください。
● 掲載情報による損失、トラブルなどの責任は負いかねますので、あらかじめご了承ください。

色について
掲載している場所にちなんだ和の色を100色紹介しています。由来や色調についてまとめていますので、左上の見出し部分とあわせて色辞典のようにも楽しめます。巻末の色一覧とあわせて活用ください。

国営ひたち海浜公園

群青色
（ぐんじょういろ）

紺色よりやや明るく、やわらかな印象の紫がかった色。ウルトラマリンやウルトラマリンブルーと訳される。

こくえいひたちかいひんこうえん

太平洋を一望する丘に
四季折々の花が咲き誇る楽園

約215ヘクタールの開園面積は、国営公園としては首都圏最大。7つのエリアに分かれた園内にはそれぞれ花畑があり、驚くほどたくさんの種類の花を見ることができます。なかでも一番の見どころは、市内で最も標高が高く、太平洋を一望できる「みはらしの丘」。その丘全体が初夏のころ、愛らしい花をつけた約530万本ものネモフィラで青く染まります。ここでは夏のジニア（ヒャクニチソウ）、秋には数十種類のコスモス、冬の澄んだ空気のなか色鮮やかに咲くチューリップや、早春のスイセンなど、季節を問わず花の絨毯が訪れる人の目を楽しませてくれます。初めて目にした花の名前を覚えるのもよし、その色と香りをただ愛でるのもよし。色とりどりの花の記憶は、長くまぶたの裏に焼きつけられるに違いありません。

旅のヒント
広い園内の移動には自転車が便利。レンタサイクルがあるほか、持ち込みも可能。また、約40分で園内を一周するシーサイドトレインに乗れば、花畑とともに青い海、白い砂浜、緑の草原の景色をすべて楽しめます。大観覧車やジェットコースター、フィールドアスレチック、バーベキュー広場があるので、家族連れで訪れても一日中遊べます。

ここで栽培されているネモフィラは「インシグニスブルー」という品種。みはらしの丘には11月頃に種まきが行われ、春に芽吹いて花が咲く。

Data
★所在地／茨城県ひたちなか市馬渡字大沼
★アクセス／JR常磐線勝田駅から路線バスで約20分、海浜公園西口または南口停留所下車。常陸那珂有料道路ひたち海浜公園ICから北へ約400m、約5分
★問い合わせ先／国営ひたち海浜公園 ひたち公園管理センター
★TEL (029)265-9001
★URL hitachikaihin.jp

Data について
★所在地は都道府県と大まかな場所を示しています。ただし紹介しているものが広範囲の地域にまたがる場合、その中にある特定の場所を（　　）で示し、その場所を掲載していることもあります。

★アクセスは最寄り駅からの公共交通機関と最寄りのインターチェンジ（IC）からの車での距離と目安になる所要時間を掲載することを基本としています。公共機関がない、あっても便利でない場合は別の手段を掲載していることもあります。遠隔地の場合、東京から最寄りの空港までの所要時間を掲載しているものもあります。

★問い合わせ先は、管理者、または情報の入手ができる公的組織、あるいはそれに準ずる組織を掲載しています。

旅のヒントについて
訪れる際に覚えておいたほうがいい補足情報をまとめています。服装のアドバイスや注意事項を中心に、それぞれのスポットをより楽しむための知識なども含まれています。

青

「リラックス」には王道、青の絶景

日ごろのストレスから解放されるために旅に出る人は多いはず。
そんなときのおすすめはやはり青の絶景。
ブルーには脳内にアルファ波を増幅させる
働きがあり、高いリラックス効果が期待できます。
ここでは空と海だけではない、
何色もの癒しの青を紹介します。

露草色〈つゆくさいろ〉

ほしとうげのたなだ●

星 峠 の 棚 田

新潟県

正式な名称は「越後松代棚田群 星峠の棚田」。
近くを通る国道403号線や国道253号線沿いに点在する棚田のひとつで、
周辺にも美しい棚田の風景が広がっている

露草色 〈つゆくさいろ〉

狭い斜面を効率よく使い、
高低差を利用して効率的に水を分配することができる棚田は、
山がちな日本ならではの生活の知恵

「水鏡」とはよく言ったもの。
まさに鏡のような水面に立木と満月が写る

露草色
(つゆくさいろ)

早朝に花開く「露草」の花びらにちなんだはかなげな薄青色。露草は一年を通して日本各地の道端などで見られる。

大小200枚の水田が段々と重なり鏡のように輝く絶景

　全国各地で棚田は見られますが、新潟県十日町市には数多くの棚田が点在しています。その中で、最も知られているのが「星峠の棚田」です。水田の数は大小約200枚。山の斜面に魚の鱗のように広がる棚田は、それだけでも日本の原風景のように思われ、見る者の心を打ちます。季節により、その表情を変化させますが、田植え前の5〜6月初旬と稲刈り後の10月中旬〜11月中旬には、田んぼに水がたまり「水鏡」となる絶景が眺められます。春と秋の早朝には、運が良ければ雲海が発生し、「水鏡」の絶景はさらに神秘的になります。この季節、全国から人が集まるのは言うまでもありません。『にほんの里100選』（朝日新聞社／森林文化協会）や「つなぐ棚田遺産」（農水省）に認定されている「星峠の棚田」ですが、棚田が地元の農家の人たちによってつくられ、守られてきているという歴史にも、想いを馳せて眺めたいものです。

旅のヒント 棚田は観光地ではありません。農家の人たちが先祖から受け継ぎ、大切に守ってきたものであり、今も耕作をしている私有地であることを忘れずに見学するようにしましょう。水田に入らない、農作業の邪魔にならないなどの基本的なことは必ず守りましょう。棚田を訪れる人のマナーが、棚田の美しさをこれからも楽しむために、何よりも必要なこととされています。

刈り入れ前の早朝の棚田。
日が昇るにつれて朝靄（あさもや）がだんだんと晴れていく

★所在地／新潟県十日町市峠
★アクセス／JR上越線六日町駅から北越急行ほくほく線で約40分、まつだい駅下車。そこからタクシーで約20分
12〜4月下旬の冬季降雪期間は除雪をしないため閉鎖となる
★問い合わせ先／十日町市観光協会
★TEL（025）757-3345
★URL　https://www.tokamachishikankou.jp

花浅葱色〈はなあさぎいろ〉

静かな森の中に現れる宝石のような神秘的な色の水。
訪れてみれば神の化身である大蛇が住むという伝説が
生まれてきたのが実感できる

にこ淵

にこぶち

山の奥深くに隠れた神聖な地で
究極の「仁淀ブルー」に出会う

　静かな山の緑に囲まれた「にこ淵」は、地元の人々が神聖な地として、あまり近づかない場所だといわれます。小さな滝の下に広がる水面の色は、深い青にも、エメラルドグリーンにも見え、そのまま眺め続けていると青と緑が溶け込んだような水の底に、思わず引き込まれてしまいそうになります。まわりを取り囲む険しい岩場が、水の清らかな眺めをより引き立てているようです。地元のカメラマンにより、いつしか「仁淀ブルー」と呼ばれるようになった仁淀川の幻想的な青の風景は、全国から人が押し寄せる観光スポットとなりました。いくつもあるスポットの中で、仁淀川の支流である枝川川にある「にこ淵」は、山の奥深くに位置していることもあり、最も美しい「仁淀ブルー」を見ることができる地として有名になっています。大勢の人が訪ねるようになったものの、その神聖な魔力は昔と変わっていないに違いありません。

旅の
ヒント

道路の脇から「にこ淵」は50mほど下った場所にあります。階段などが整備され、昔のような悪路を下る必要はなくなりましたが、坂道や「にこ淵」のまわりは滑りやすいので、靴や服装には気をつけましょう。仁淀川の流域には「安居渓谷」や「中津渓谷」など、「仁淀ブルー」が眺められるスポットがあり、自然の美しさを再認識させてくれます。

● にこぶち

★ 高知県

花浅葱色
はなあさぎいろ

花の色が加えられた浅葱色で、「花」は露草の花びらの青色であり、浅葱色より青が鮮やかに出る。

四国はいくつもの美しい川が流れる「清流の宝庫」。
四国最高峰の石鎚山周辺に降った雨水を集めた
仁淀川はその代表だ

★所在地／高知県吾川郡いの町清水上分2976-11
★アクセス／JR土讃線伊野駅からとさでん交通バスで約50分、程野入口もしくは土居下車。グリーンパーク方面へ徒歩で約30分
★問い合わせ先／いの町観光協会
★TEL（088）893-1211
★URL www.inofan.jp

17

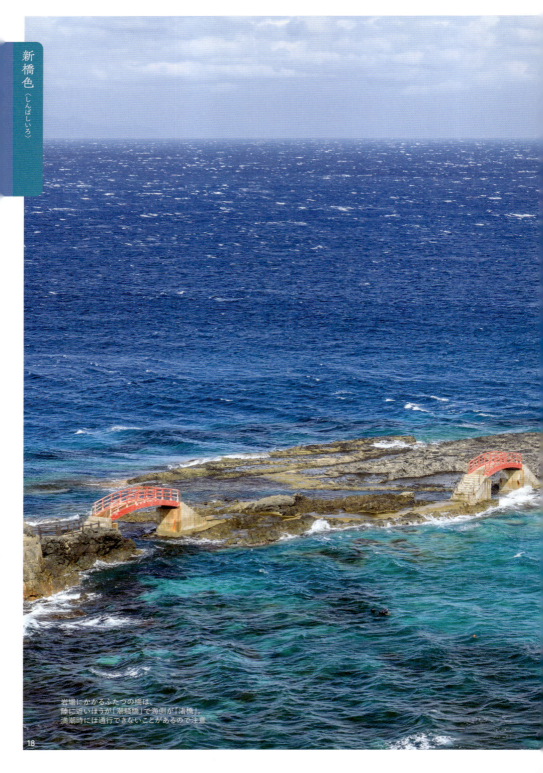

新橋色〈しんばしいろ〉

岩場にかかるふたつの橋は、
陸に近いほうが「潮騒橋」で海側が「渚橋」。
満潮時には通行できないことがあるので注意

高野崎

たかのさき

青森県

新橋色
しんばしいろ

少し緑がかった明るいターコイズブルー。明治期に日本に輸入され、新橋に集う財界人や文化人から広められた。

半島から津軽海峡へと下り
大海原に抱かれる絶景の中へ

　津軽半島の岬の先には、赤と白の小さな灯台が建っています。緑の草原に続く道のまわりは青い大海原。雄大な大自然と灯台の色合いのコントラストは印象的です。天候に恵まれれば、正面には北海道、西には龍飛岬、東には下北半島が一望できます。それだけでも満足のゆく絶景ですが、高野崎の醍醐味はまだその先へと続きます。灯台の横を過ぎると、それまでの草原は消え、荒々しい岩場が津軽海峡へと下っていきます。岩場には、赤い欄干の太鼓橋がふたつ。ごつごつした岩場に波が白くくだけ、その向こうに藍色の海が広がっている風景のなか、その橋はどこかおとぎ話に出てくる遠い世界への架け橋のようにも見えてきます。吸い込まれるように先へ先へと歩いていき周囲を見渡すと、大海原に抱かれていることを実感できます。爽快感に満たされつつも、自然に対する畏怖の念を感じずにはいられないはずです。

旅のヒント　夏は磯遊びや釣りなどが楽しめるため、家族連れにも人気があります。テントが100張りも可能な広大なキャンプ場もあるので、宿泊するのもおすすめ。すばらしい夕焼けや、夜の海に輝くイカ釣りの漁火を眺めることができます。近くには食事処もあり、津軽海峡の本マグロをはじめとする魚介類が楽しめます。5月末から8月末は天然の岩ガキが名物となっています。

★所在地／青森県東津軽郡今別町袰月
★アクセス／JR津軽線今別駅から今別町巡回バスで約20分
★問い合わせ先／今別町役場産業建設課
★TEL（0174）35-3005
★URL aomori-tourism.com

日和山海岸

ひよりやまかいがん

紺色〈こんいろ〉

玉手箱が開いたような
海霧のなかに見える「龍宮城」

　城崎温泉駅から円山川沿いに車で10分ほど北上すると日和山海岸が見えてきます。ここでは晩秋から早春の早朝に「川あらし」に出会えるかもしれません。川面で発生した霧が強風によって川伝いを流れる「川あらし」はほかではあまり見られない珍しい自然現象。円山川から発生した霧が、河口にある津居山を乗り越えて、滝のように海に流れ込む幻想的な光景を日和山海岸から見ることができるのです。霧が流れ込む海には、沖合700mほどのところに「後ヶ島」とよばれる無人島があります。「浦島太郎が玉手箱を開けた場所」という言い伝えがあり、この伝承をもとに龍宮城を模した東屋が建てられました。日和山海岸から見ると、霧に囲まれた竜宮城はとても神秘的。玉手箱の煙のなかから現れたかのように見えてきます。

旅のヒント
　川あらしが見える条件として、10月〜3月頃の晴れている日の早朝であることが挙げられます。さらに前日との気温差が大きく、湿度が高く放射冷却があると確率は上がるようです。海霧がない時期でも空と海の境界に浮かぶ龍宮城の美しい姿を楽しめます。

★所在地／兵庫県豊岡市瀬戸
★アクセス／JR山陰本線城崎温泉駅から全但バス日和山線で約10分。日和山下車すぐ
★問い合わせ先／城崎温泉観光協会
★TEL (0796)32-3663
★URL kinosaki-spa.gr.jp

兵庫県

紺色〈こんいろ〉

紫がかった深い青色。
藍染の代表的な色として古来より馴染みが深い。
ネイビーはより明度を下げた「濃紺」のこと。

愛媛県大洲市の「肱川」、
鹿児島県薩摩川内市の「川内川」とともに、
「円山川」の川あらしは「日本三大川あらし」と呼ばれている

群青色〈ぐんじょういろ〉

4月の見頃の時期には世界中から人がやってくる。
あまり人が写り込まないような写真を撮りたければ
できるだけ早い時間に行ったほうがいい

国営ひたち海浜公園

●こくえいひたちかいひんこうえん

群青色
(ぐんじょういろ)

紺色よりやや明るく、やわらかな印象の紫がかった青色。ウルトラマリンやウルトラマリンブルーと訳される。

太平洋を一望する丘に
四季折々の花が咲き誇る楽園

　約215ヘクタールの開園面積は、国営公園としては首都圏最大。7つのエリアに分かれた園内にはそれぞれ花畑があり、驚くほどたくさんの種類の花を見ることができます。なかでも一番の見どころは、市内で最も標高が高く、太平洋を一望できる「みはらしの丘」。その丘全体が初夏のころ、愛らしい花をつけた約530万本ものネモフィラで青く染まります。ここでは夏のジニア（ヒャクニチソウ）、秋には数十種類のコスモス、冬の澄んだ空気のなか色鮮やかに咲くチューリップや、早春のスイセンなど、季節を問わず花の絨毯が訪れる人の目を楽しませてくれます。初めて目にした花の名前を覚えるのもよし、その色と香りをただ愛でるのもよし。色とりどりの花の記憶は、長くまぶたの裏に焼きつけられるに違いありません。

旅のヒント　広い園内の移動には自転車が便利。レンタサイクルがあるほか、持ち込みも可能。また、約40分で園内を一周するシーサイドトレインに乗れば、花畑とともに青い海、白い砂浜、緑の草原の景色をすべて楽しめます。大観覧車やジェットコースター、フィールドアスレチック、バーベキュー広場があるので、家族連れで訪れても一日中遊べます。

茨城県

ここで栽培されているネモフィラは「インシグニスブルー」という品種。みはらしの丘には11月頃に種まきが行われ、春に芽吹いて花が咲く

★**所在地**／茨城県ひたちなか市馬渡字大沼
★**アクセス**／JR常磐線勝田駅から路線バスで約20分、海浜公園西口または南口停留所下車。
常陸那珂有料道路ひたち海浜公園ICから北へ約400m、約5分
★**問い合わせ先**／国営ひたち海浜公園 ひたち公園管理センター
★**TEL** (029)265-9001
★**URL** hitachikaihin.jp

23

縹色〈はなだいろ〉

水位が変わるのはこの橋の下流にある糠平湖が発電用のダム湖であるため。
冬季の積雪量や降水量によって、春から夏の湖の水位は大きく異なる

タウシュベツ川橋梁

たうしゅべつがわきょうりょう

縹色
はなだいろ

「はなだ」とは、日本に古来からある明るめの青色で、藍染より前に露草の花から抽出した色味が由来となっている。

北海道

やがては朽ち果て消えゆく運命
ダム湖に浮き沈みする幻の橋

　その名前の響きと湖面に映る姿からイメージすると、どこかヨーロッパの古城に続く橋のようだと思うかもしれません。水面から全景を現した姿は古代ローマの水道橋の遺跡を、真っ白な雪野原に立ち尽くす姿はシベリアの果ての廃墟を思わせます。タウシュベツ川橋梁は旧国鉄士幌線がタウシュベツ川を渡るために造られたコンクリート製のアーチ橋。1987年の廃線後はそのまま野ざらしにされていて、ダムの水位により浮き沈みする姿から、いつしか「幻の橋」と呼ばれるようになりました。毎年6月ごろから徐々に水位が上昇し、長さ130m、11連のアーチが湖面に映る姿は「眼鏡橋」とも呼ばれています。橋の周りは時間が止まっているように見えますが、繰り返される夏と冬、川の流れ、雪や雨や風により、橋は少しずつ、確実に崩壊へと向かっているのです。

旅のヒント

糠平湖周辺に点在するアーチ橋のひとつ。糠平湖が増水する6月くらいから沈み始め、10月までには完全に水没。翌年1月ごろから、凍結した湖に再び姿を現します。橋梁までの林道は許可車両しか入れませんが、タウシュベツ展望台から眺めることができます。「ひがし大雪自然ガイドセンター」では、橋の近くまで行く有料ツアーを実施。

★所在地／北海道河東郡上士幌町
★アクセス／JR根室線帯広駅からノースライナー(三国峠経由)で約1時間40分、五ノ沢下車。そこからタウシュベツ展望台へ徒歩約25分
橋梁までの林道は一般車の通行禁止
★問い合わせ先／上士幌町観光協会
★TEL (01564)7-7272
★URL www.kamishihoro.info

銀水洞

ぎんすいどう

鹿児島県

浅葱色（あさぎいろ）

蓼藍で染められた青緑色。その名の通り、葱の葉の薄い色にちなんでおり、平安時代から着衣の色として親しまれてきた。

2023年6月に発生した豪雨により洞窟内に土砂が流れ込み、透き通った地底湖が見られなくなってしまった。その後復旧作業が続いている

苦難の道を乗り越えた先に広がる
自然が生み出した奇跡の絶景

　地中に開けた巨大な鍾乳洞の中、リムストーンプールと呼ばれる段々畑のような水たまりがライトアップされ、青く幻想的な風景を見せます。大小200から300の洞窟があるという沖永良部島で、最高峰の洞窟とされる「銀水洞」のその光景は、各種メディアで「奇跡の絶景」と称賛されました。しかし、そこにたどり着くためには、鍾乳洞を潜り抜けていくケイビングツアーに参加しなければなりません。往復の所要時間は5、6時間。最初から匍匐前進で洞窟を進み、最難関の「水くぐり」を突破します。水面の上が15cmほどしかない穴を抜けるのは、まさに大冒険そのもの。そうして、ようやく到着できるのが「銀水洞」なのです。苦難の道を乗り越えた先に広がるその風景は、奇跡としかいいようのないもの。1億年以上かけて生まれたといわれる地球の神秘には、ただただ圧倒されるばかりです。

> 旅のヒント　「銀水洞」はケイビングツアーで行ける洞窟の中で、最も難易度が高いとされます。参加資格は「10歳以上」「沖永良部島でのケイビングツアー参加が2回目以降」。ケイビングを体験したことがない人は、まず初心者コースなどに参加しなければなりません。洞窟の水量などによりツアーが催行されない場合も。ウェットスーツなどの装備はレンタルできます。

★所在地／鹿児島県知名町
★アクセス／沖永良部空港から車で約30分(沖永良部島ケイビング協会まで)
★問い合わせ先／沖永良部島ケイビング協会
★TEL (080) 2030-5661
★URL okierabucave.com

瑠璃色〈るりいろ〉

土庄町商工観光課のホームページには、
潮の干満の関係で何時ごろにエンジェルロードが現れるのかの
予想時間が表示されている。
エンジェルロードが現れるのは1日2回

小豆島エンジェルロード

しょうどしまえんじぇるろーど

瑠璃色（るりいろ）

仏教の七宝の一つである宝玉の色であり、古来より神聖化されてきた紫がかった濃く、透明感がある青。洋名はラピスラズリ。

香川県

離れ離れになった恋人たちを
再び結びつけた天使の橋

　島には伝説がつきものです。海に隔てられた特別な環境が、想像力をかきたてるのかもしれません。瀬戸内海に浮かぶ小豆島に1日2回、引き潮の時だけ現れる砂の道があります。姿を見せては消える様子が不思議なことから、この島に伝わる隠れキリシタンの恋人たちの伝説になぞらえ、いつのころからか「エンジェルロード」と呼ばれるようになりました。手をつないでここを渡った恋人たちは、幸せになれるのだとか。その伝説とは、隠れキリシタン弾圧の追手から逃れようとした二人の間を荒波が隔てるのですが、空から天使が降りてきて海を渡る砂の道を作ってくれたというもの。ロマンチックな物語に惹かれ、訪れる恋人たちは絶えません。砂の道を渡ることができるのは、干潮の前後2時間程度。潮が満ちてくると帰れなくなってしまうので、ご用心を。

旅のヒント　「小豆島国際ホテル」の南側に浮かぶ弁天島から、中余島、小余島、大余島とつながる4つを「余島」といいます。砂の道を渡ることができる干潮の時間は、ホテルのフロント前に掲示されるほか、サイトからも調べられます。ここと併せ、オリーブの木からハート形の葉を探したり、滝くぐりのコースを巡ると運気がアップするとか。

潮が満ちるとこのように砂洲は海面下に。
時間を把握しておかないと
島に置き去りになってしまうかも

★所在地／香川県小豆郡土庄町甲
★アクセス／高松港から高速船で約30分、土庄港下船。
小豆島オリーブバスで約10分、
国際ホテル（エンジェルロード前）停留所下車後、徒歩約3分
★問い合わせ先／土庄町商工観光課
★TEL（0879）62-7004
★URL www.town.tonosho.kagawa.jp

29

杜若色 〈かきつばたいろ〉

太陽の光にキラキラと輝く氷の写真を撮るなら、
できるだけ太陽が低い位置にある日の出直後、あるいは日の入り直前がいい

大津海岸のジュエリーアイス

おおつかいがんのじゅえりーあいす

北海道

杜若色
（かきつばたいろ）

紫が強い青色。名の通り、
杜若の花を染料とした凛とした品格漂う色味。
江戸時代には「江戸紫」の名で親しまれていた。

厳寒の海辺に散りばめられた
自然が生み出した氷の宝石

　十勝川の河口に広がる海岸に、1月半ばから2月下旬にかけて出現するジュエリーアイス。大小の氷が集まった光景は、現代アートのようにも見えます。透き通ってなめらかな氷は、クリスタルのような輝きで宝石（ジュエリー）と名づけられたことに納得できます。ジュエリーアイスは、十勝川から太平洋に流れ出た氷が、海岸に打ち上げられたもの。波にもまれて角がとれ、光に輝く芸術的な形へとその姿を変えています。朝、昼、夕方の時間帯で形が変化していくのもジュエリーアイスの醍醐味。その日の気温や天候、風の吹き方などで、大胆に、もしくは微妙に形を変化させていく様子は、ジュエリーアイスが生きているかのようです。平均気温−10度前後の季節に見られる自然の営みは、人間の想像を超えた雄大かつ繊細な風景を見せてくれます。見学するときはくれぐれも防寒対策を万全にして出かけましょう。

旅のヒント　早朝には体感温度が−25から30度になることもあります。服装とともに注意したいのが、スマホやカメラなどの電子機器。低温だとバッテリー駆動時間が短くなることがあるので、こちらへの対策も必要です。見学時は、つまずきやすく、また滑りやすいので足元には注意しましょう。海岸周辺は住宅地なので、騒音などへの配慮もしたいものです。

★所在地／北海道中川郡豊頃町
★アクセス／JR札幌駅から特急おおぞら／とかちで約2時間50分、帯広駅下車。そこからタクシーで約1時間
★問い合わせ先／豊頃町観光協会
★TEL（015）574-2216
★URL www.toyokoro-kankoh.com

紺碧色（こんぺきいろ）

アジサイが密集する華やかな道は
霧が立ち込めると一転幽玄な雰囲気が漂う。
道は舗装されていないので、しっかりした靴で出かけたい。

みちのくあじさい園

●みちのくあじさいえん

紺碧色
こんぺきいろ

深い、濃密な青色。「紺色」と青緑色が強い「碧色」を組み合わせた色で、「紺碧の海・空」などと使われることが多い。洋名はアジュール。

400種もの多種多様なアジサイが楽しめる

　世界遺産中尊寺があるJR東北線の平泉駅から東へ。北上川を越えて車で約20分のところにある山のなかに、日本最大級のアジサイ園があります。広さは東京ドーム4個分。6月中頃から7月の下旬、杉の木立の間に4万株ものアジサイが咲き誇る光景を眺めることができます。ここの特徴はなんといっても種類が多いこと。園内には約400種ものアジサイがあり、そのバラエティ豊かな色や形に驚かされることでしょう。たくさんの西洋アジサイも見られますが、アジサイの原産地は日本。西洋アジサイは、日本のガクアジサイを品種改良したものです。ただし園内のハイライトのひとつであるアナベルは、北米が原産の園芸品種です。白く美しい花を咲かせるアナベルと赤や紫に色づく日本のアジサイを比べてみるのも楽しいでしょう。

旅のヒント
園内には、奥姫コース（全長1200m）、健脚コース（全長650m）、くれないコース（全長900m）の3つのコースがあります。アップダウンのきつい山のなかにあるので、最初にどのコースを巡るかを決めてから歩き始めましょう。歩きやすい靴と服装は必須です。ただし長い時間歩くのがつらい人は、有料のカートに乗って見学をすることも可能です。

岩手県

色とりどりのアジサイを浮かべた「あじさいの池」は「みちのくあじさいまつり」の開催にあわせて作られるフォトスポット

★所在地／岩手県一関市舞川字原沢111
★アクセス／JR東北線平泉駅から東磐交通バスで約30分、水上下車徒歩約20分。（バスは一日2便のみ）もしくはタクシーで20分程度。東北自動車道一関ICから約30分
★問い合わせ先／あじさい園
★TEL（0191）28-2349
★URL www.ichitabi.jp/spot/data.php?p=36

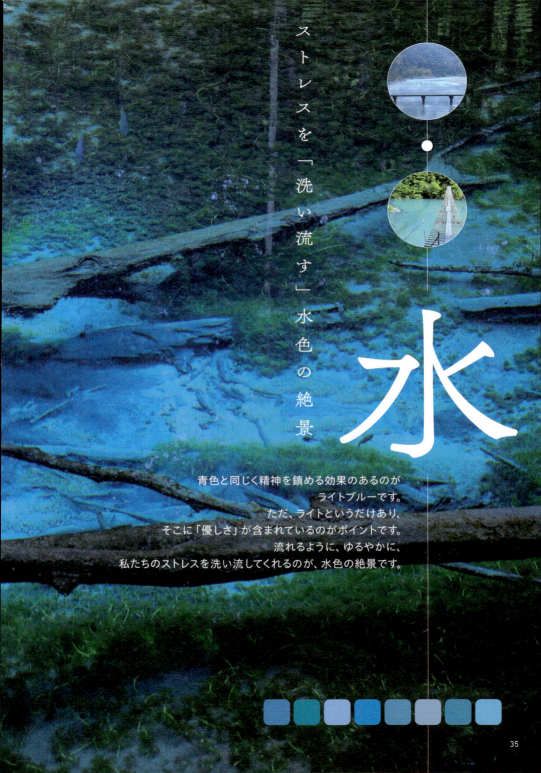

水

ストレスを「洗い流す」水色の絶景

青色と同じく精神を鎮める効果のあるのが
ライトブルーです。
ただ、ライトというだけあり、
そこに「優しさ」が含まれているのがポイントです。
流れるように、ゆるやかに、
私たちのストレスを洗い流してくれるのが、水色の絶景です。

月草色
〈つきくさいろ〉

東平安名崎 ●ひがしへんなざき

沖縄県

東平安名崎見晴台から細長い岬を眺める。
国指定の史跡名勝天然記念物になっていて、美しい景色に加えて、
強い風のために高木が育たない環境がつくる独特の植生は学術的にも貴重

月草色
〈つきくさいろ〉

長さ約2kmの岬の幅は中央部までは約120〜180mで、
先端部分はやや幅が広くなり、最も広いところで約250m。
灯台の手前に小さな漁港(保良漁港)がある

サンゴ礁の上に点在する岩は
沿岸の崖から崩落したものが津波で沖に運ばれた。
最も大きな岩は直径が8mにもなる

月草色
つきくさいろ

月草は露草の古来の名。花びらから取られた青で、縹色より明るく澄んだ印象の色。濃い藍になる前の儚げで、移ろいやすい色質は万葉集にも詠まれている。

荒々しくも清々しい
海に突き出た宮古島の景勝地

　宮古島の東の端、海に突き出た2kmほどの細長い岬は、歩いていると、絶海の孤島にいるかのような錯覚にとらわれます。草原のなかを灯台に向かって延びる白い道の左右には、藍色やマリンブルー、水色がグラデーションを描く複雑な色の海が広がっています。先端を目指しているとき、右（南）側が太平洋、左（北）側が東シナ海となります。海岸には南国の島にしては荒々しい岩石が、ごろごろと点在しているのが見えます。これは、江戸時代中期の大津波で打ち上げられたものといわれる「津波岩」。岬の半ばには道端にも「津波岩」があり、マムヤという美女の悲しい恋物語の伝説に由来した「マムヤの墓」と呼ばれています。岬の先端には白い灯台があり、青い海を背景として立つその姿は、印象に残ります。高さ約25mの灯台には登ることもでき（有料）、大パノラマを見渡せます。

旅のヒント　岬は200種類以上の植物が群生していることでも有名。春には、真っ白なテッポウユリが咲き誇り、見どころとなっています。夏にはピンク色のグンバイヒルガオ、秋には黄色い花のホソバワダンの花が見られます。夕陽や夜の星空も見事。朝日を眺望できる場所としても人気を集めています。元日は絶好の初日の出スポットとして知られています。

高さ25m（海面から43m）の灯台は
周辺の海の安全を守るために1967年に設置された。
その光は約33km先まで届くという

★所在地／沖縄県宮古島市城辺保良
★アクセス／宮古空港から車で約35分
★問い合わせ先／宮古島観光協会
★TEL（0980）79-6611
★URL miyako-guide.net

39

孔雀青色
〈くじゃくあおいろ〉

水の色は天気や時間によって刻々と変わっていく。
太陽の光が直接差し込む時が一番鮮やかな色になる

凝灰岩が長年波に削られた海岸線は
驚くほど複雑でたくさんの景勝スポットがある。
天窓洞を含めたスポットをボートで巡るクルーズが人気

堂ヶ島天窓洞

どうがしまてんそうどう

孔雀青色
くじゃくあおいろ

孔雀の青い羽色のようなやや緑がかった鮮やかな青色。明治期に西洋から伝わった「ピーコックブルー」が由来。

天空から太陽の光が降り注ぐ
海の洞窟の神秘的な世界

　複雑な海岸が美しい景観を作り出す西伊豆で、最も絵になる洞窟といわれているのが「堂ヶ島天窓洞」。昭和初期から天然記念物に指定されている洞窟は、白い凝灰岩が波に侵食され、複雑なトンネルを形成しています。その長さは150mほどに達するともいわれます。途中、天井が丸く抜け落ちて、まさに「天窓」となっているのが「天窓洞」です。天窓から差し込む光は、洞窟内の海をエメラルドグリーンに輝かせ、そのまわりの海面は群青色に染められます。しかし、海の色は季節や天候、時刻によっても移り変わり、見るたびにその光景は異なるといわれます。幻想的な「天窓洞」の風景は、イタリア、ナポリ郊外の青の洞窟にも例えられます。2018年には、地質的な遺産として「伊豆半島ジオパーク」に登録され、地球科学の面からもさらなる注目を集めるようになっています。

旅のヒント　堂ヶ島の海岸は国指定の名勝となっていて、「伊豆の松島」とも呼ばれます。夕陽の美しさでも有名です。「天窓洞」は船で見学するのが一般的ですが、遊歩道を歩いて見に行くこともできます。階段を上った先で見られるのは「天窓洞」の穴。その下の海には、定期的にやって来る船が見えます。まったく異なる「天窓洞」のふたつの顔を見てみるのも興味深いものです。

天窓洞を上から見るとこんな感じ。
穴の周囲には柵が作られているので
安心して眺めることができる

★所在地／静岡県賀茂郡西伊豆町仁科
★アクセス／JR三島駅から伊豆箱根鉄道駿豆線で約35分、修善寺駅下車。駅から東海バスで約1時間30分、堂ヶ島下車。徒歩約4分
★問い合わせ先／西伊豆町観光協会
★TEL（0558）52-1268
★URL www.nishiizu-kankou.com

41

鴨頭草色〈つきくさいろ〉

下灘駅に停車中の列車。
ホームと海の間に国道が走っているが、駅舎を背にホームを見れば、
線路のすぐ向こうに瀬戸内海が広がっているように見える

下灘駅に止まる列車は1～2時間に1本程度。
ホームのベンチに座ってのんびり海を眺めるには十分の時間だ

JR予讃線

じぇいあーるよさんせん

鴨頭草色（つきくさいろ）

「つきくさ」とはやはり露草の別名で、「おうとうそう」とも。和紙にしぼり色液をしみこませた「青花紙」で友禅の下絵を描く際に使用された色。

愛媛県

車窓に流れる瀬戸内の風景
旅情溢れる鉄道の旅

　鉄道旅のいいところは、無心になって窓の外を眺めていられること。もちろんドライブでも（運転手を除き）車窓の景色を楽しめますが、やはり「旅情」という点では鉄道が上でしょう。日本にはそんな旅心をくすぐる路線がたくさんあります。香川県の高松と愛媛県の宇和島を結ぶ予讃線は、全線にわたって海岸線を走るため、車窓風景が楽しめる鉄道の代表として知られています。特に海際を走る、大西と大浦の間、予讃旧線区間の伊予市と伊予長浜の間は、美しい海と島々が車窓を流れる絶景区間。旧線区間にある下灘駅は、かつては「日本で一番海に近い駅」として知られていました。今は駅と海の間に道路が通っているので直接海岸には接していませんが、それでも列車を降りてホームに出ると、目の前には瀬戸内海が広がります。ここは海に沈む夕陽を眺めるスポットとしても人気です。

旅のヒント　予讃線は総延長約300kmで、四国を走る最長路線。多度津以西は単線のため普通列車で全線を走破するとなると、特急の通過待ちなどがあって思った以上に時間がかかります。特急列車などをうまく組み合わせて、絶景区間だけを鈍行列車でのんびり行くのがいいでしょう。

小さな駅舎はあるが無人駅。
駅舎内には土産物屋があり、
駅前には小さなコーヒースタンドがある

★所在地／愛媛県伊予市双海町大久保（下灘駅所在地）
★アクセス／JR松山駅から約50分。下灘駅は予讃線の旧線にあり、普通列車でしか行くことができないので注意が必要。
松山自動車道伊予ICから南西へ約16km、約30分
★問い合わせ先／伊予市観光物産協会ソレイヨ
★TEL (089)994-5852
★URL iyokankou.jp

43

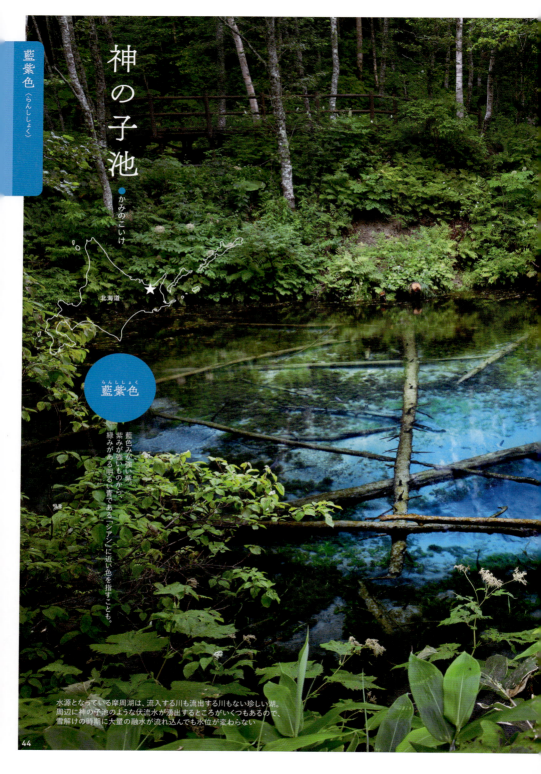

神の子池

●かみのこいけ

藍紫色〈らんししょく〉

北海道

藍紫色
らんししょく

藍色みが強い紫、紫みが強いものから、緑みがある明るい青である「シアン」に近い色を指すことも。

水源となっている摩周湖は、流入する川も流出する川もない珍しい湖。周辺に神の子池のような伏流水が湧出するところがいくつもあるので、雪解けの時期に大量の融水が流れ込んでも水位が変わらない

森の奥深くに静かにたたずむ
時が止まったかのような水辺風景

　コバルトブルーともエメラルドグリーンとも澄んだ水色とも形容できる池は、あまりにも澄んで透明なために見れば見るほど、その水面がわからなくなります。そのため水深5mの池には、倒木が何本も横たわっていますが、距離感がつかめなくなってしまいます。北海道のみに生息するイワナの仲間オショロコマが池を泳ぐ姿も、中空に浮かんでいるかのようです。水の存在を忘れてしまう不思議が「神の子池」では感じられます。神の湖と呼ばれる摩周湖の伏流水からできているという言い伝えから「神の子」と呼ばれる池は、伏流水が1日1万2000トン湧き出ているとされます。水温は年間を通して8度と低いため、倒木は腐らず化石のように沈んでいます。数年前から木道が整備され、アクセスは格段によくなり観光客も増えましたが、どこか人を拒絶するような神聖なイメージはいつまでも残して欲しいものです。

旅のヒント　池の周囲も貴重な自然の宝庫となっているため、その環境を守ることには注意をしたいものです。池が見学できるのは5〜10月頃まで。冬は除雪が行われないため、幹線道路からの道や遊歩道などは雪に閉ざされてしまいます。ただし、スノーシューツアーなどが開催されることもあるので、地元の観光協会のホームページなどで確認しましょう。

★所在地／北海道斜里郡清里町清泉
★アクセス／女満別空港からタクシーで約1時間10分
★問い合わせ先／NPO法人きよさと観光協会
★TEL（0152）25-4111
★URL http://www.kiyosatokankou.com

千草色 〈ちぐさいろ〉

複雑な湾内に浮かぶたくさんのいかだは、すべて真珠養殖用のいかだ。
いかだに吊るされたかごの中で真珠を作るアコヤ貝が育てられている

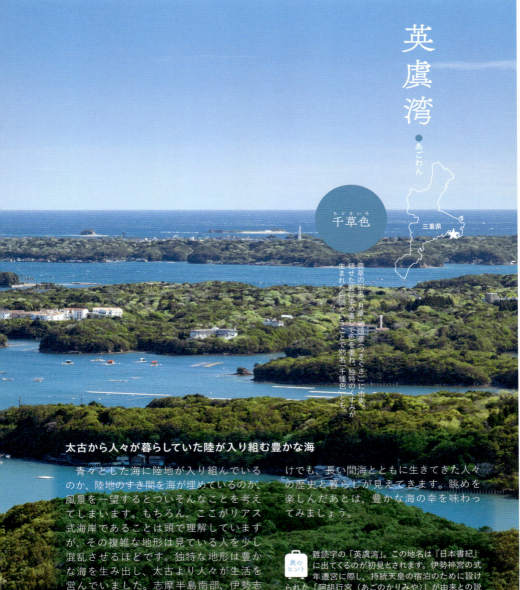

英虞湾

あごわん

千草色
ちぐさいろ

三重県

鴨草の別名「月草」「蛍草」「着草（つくさ）」に由来。褪せた藍染め液で色を重ね、独特のくすみが生まれた色調ということで別名「千種色」とも。

太古から人々が暮らしていた陸が入り組む豊かな海

青々とした海に陸地が入り組んでいるのか、陸地のすき間を海が埋めているのか、風景を一望するとついそんなことを考えてしまいます。もちろん、ここがリアス式海岸であることは頭で理解していますが、その複雑な地形は見ている人を少し混乱させるほどです。独特な地形は豊かな海を生み出し、太古より人々が生活を営んでいました。志摩半島南部、伊勢志摩国立公園の中心である英虞湾は、どこから眺めても絵になります。最もよく知られる絶景スポットは横山展望台でしょう。標高203mの横山に造られた展望台は、北側から湾全体を眺めることができます。ここは世界で初めて養殖真珠が誕生した場所として知られていますが、海の幸もたいへん豊富。展望台から眺めているだけでも、長い間海とともに生きてきた人々の歴史と暮らしが見えてきます。眺めを楽しんだあとは、豊かな海の幸を味わってみましょう。

旅のヒント 難読字の「英虞湾」。この地名は『日本書紀』に出てくるのが初見とされます。伊勢神宮の式年遷宮に際し、持統天皇の宿泊のために設けられた「阿胡行宮（あごのかりみや）」が由来との説がありますが、「網を引く人」を意味する「網児（あご）」が由来など、説はさまざま。いずれにしても、古くから庶民だけではなく天皇にもゆかりのある土地であることは確かなようです。

★所在地／三重県志摩市
★アクセス／近鉄名古屋駅から近鉄特急伊勢志摩ライナーで約2時間5分、鵜方駅下車。横山展望台まではタクシーで約8分
★問い合わせ先／志摩市観光案内所
★TEL（0599）46-0570
★URL www.kanko-shima.com

天色〈あまいろ〉

沈下橋はいくつもあるが、ポスターやパンフレットによく登場するのがこの岩間沈下橋。全長120m、普通車で通行することもできる

四万十川の沈下橋

しまんとがわのちんかばし

高知県

天色 (あまいろ)

「あまいろ」は澄んだ青空の色で、別名「真空（まそら）色」。紺碧を明るく、鮮やかにした色で「空色」よりも濃い色調。

日本最後の清流に架かる
人々の暮らしに密着した橋

　川といえば、下流へ行くに従い水が濁ってくるイメージがあります。ところがこの川は、ほとんど透明度が変わりません。かえって水質がよくなる地域もあるというのだから驚きです。岐阜県の長良川、静岡県の柿田川とともに、日本三大清流に数えられる四万十川。本流に大規模なダムがないことも、「最後の清流」とも呼ばれるゆえんです。人口数万人の都市のすぐそばで、天然の鮎が泳ぎ、川エビやウナギ、ゴリが捕れる川は日本中探してもそう多くはないでしょう。川に架かる橋に欄干がないのは、増水時に水中に沈んだ際、水の抵抗を少なくして橋を守るため。度重なる川の氾濫から得た昔の人の知恵です。橋の上から川へ飛び込んで遊ぶ子どもたちの姿は、四万十の夏の風物詩。欄干のない橋と美しい川があれば、きっと誰もがやりたくなるはずです。

 旅のヒント　中流域にあるカヌー館が催すカヌースクールやツアーに参加すれば、川から沈下橋を眺め、下をくぐることも。冬限定のツアーもあり、季節を問わず楽しめます。泳ぎが苦手な人には、濡れる心配が少ないラフティングツアーがおすすめ。いくつかの沈下橋を巡るには、指定のターミナルに自由に乗り捨てできるレンタサイクルが便利です。

奥に見えるのが全長145.8mの三里沈下橋。
橋のたもとに広い河原があり、
夏の間は川遊びを楽しむ多くの人が集まる

★ 所在地／高知県四万十市佐田
★ アクセス／土佐くろしお鉄道中村線中村駅下車。
四万十川最下流で最長の佐田沈下橋(今成橋)まではタクシーで約15分。
高知自動車道須崎東ICから北西へ約110km、約1時間30分
★ 問い合わせ先／四万十市観光商工課観光係
★ TEL (0880) 34-1783
★ URL www.city.shimanto.lg.jp

次標色 (つぎはなだいろ)

美しく怪しい水の色は水中のライトが作り出しているものだが、
白い光のライトがこのように美しい水色に見えるのは、
世界一ともいわれる透明度の高い水で満たされているからだ

千仏鍾乳洞

せんぶつしょうにゅうどう

次縹色
（つぎはなだいろ）

「つぎはなだ」は、藍染めの色＝縹色の色順で、濃い方から「深縹」「中縹」「次縹」「浅縹」とされ、二番目に薄いとされる緑がかった青。

福岡県

天然の芸術とスリルを味わう
地下の川を歩く洞窟探検

　日本を代表するカルスト台地である平尾台（P.226-227）の地下に広がっているのが千仏鍾乳洞。標高約300mのところにあり、数千万年の歳月をかけ、雨水の浸食によりつくられました。

　この鍾乳洞は中を歩くことができます。洞窟は入口から北東へ延びていて、最大で15mもの高さの大空間がある峡谷状。まずそのスケールに驚かされます。年間を通して気温が16度くらい、入口から900m先まで照明が灯っているため快適に歩を進められます。この鍾乳洞の最大の魅力は、探検家の気分になって水のなかを歩けること。入口より480mほど進んだところから澄んだ地下水が足元を流れはじめ、深いところだと大人の膝下くらいの水深に。水温は14度くらいなのでかなり冷たく、夏場の探検にはぴったりです。

旅のヒント　鍾乳洞の入口でサンダルの貸し出しが行われています。売店や食堂も併設されており、設備が整っているのが嬉しいポイント。探検後の休憩には名物の「カルスト饅頭」や平尾台の水で淹れたコーヒーを味わってみても。

内部を歩ける鍾乳洞は薄暗いところが多いが、
ここはしっかりした照明があるので、
鍾乳洞の内部の様子や
地下水の流れや透明度がよくわかる

★所在地／福岡県北九州市小倉南区平尾台
★アクセス／九州自動車道「小倉南IC」から約20分。JR日田彦山線石原町駅からタクシーで約20分
★問い合わせ先／千仏鍾乳洞事務所
★TEL（093）451-0368
★URL http://www.senbutsu-cave.com

空色
〈そらいろ〉

一度に橋を渡れる人数を10人に制限しているため、紅葉の最盛期などの混雑する時期はかなり待たされることもあるので注意したい

夢の吊り橋
〈ゆめのつりばし〉

外国で評判の知られざる名所
目の覚めるような鮮やかな水を渡る

　世界最大級の口コミ旅行サイトの投票で、「死ぬまでに渡りたい徒歩吊り橋」の世界トップ10に入った橋が静岡県北部にあります。大間ダム湖の上を渡る長さ90mの夢の吊り橋の一番の特徴は、コバルトブルーの美しい水の上を歩けることです。橋の幅はそれなりにあるのですが、歩ける部分が幅40cmほどの板しかなく、それ以外は下が素通し。水面からの高さは8mほどありますが、金網になっているので恐怖感はありません。もちろん吊り橋なのでそれなりに揺れますが、下から吹き上げる湖面を渡る風が心地よく感じられます。新緑のころ、緑が濃くなる盛夏のころ、そして紅葉が美しい秋、いつ行っても静かな湖面は周囲の景色を映し、見事な景観を作り出します。人里からかなり離れており行くまでは大変ですが、自然にたっぷり浸れる環境も魅力です。

静岡県

空色
〈そらいろ〉

「天色（あまいろ）」の別名とされることもあるが、あえて「空色」と表記される場合は「天色」よりも薄い透明感ある水色を指す。

旅のヒント　雨が降ると湖がにごるため、美しい青い色が損なわれることがあります。雨の翌日はできれば避けたいものです。また、観光客が少ない時期以外は、吊り橋は一方通行。渡り切った後に300段ほどの石段を上りますが、これがなかなかハードです。歩きやすい靴を履いて行きましょう。

★所在地／静岡県榛原郡川根本町
★アクセス／大井川鐵道本線千頭駅から大井川鐵道バスで約40分、寸又峡温泉入口停留所下車。徒歩約40分。東名高速道路静岡ICから北西へ約56km、約1時間40分、寸又峡温泉第3駐車場から徒歩約40分
★問い合わせ先／寸又美女づくりの湯観光事業協同組合
★TEL（0547）59-1011
★URL yumenotsuribashi-sumatakyo.com

52

紫

「内省」を促す紫の絶景

高貴で神秘的なイメージがあるパープル。
印象そのままに、この色は体を休ませると同時に、
精神を研ぎ澄まさせ、
意識を自然と内に向けてくれます。
紫の絶景の中に身を置けば、自分の過去・現在・未来の姿を
静かに見つめることができるかもしれません。

紅掛花色〈べにかけはないろ〉

世界遺産・合掌造りの集落で日本人の原風景へタイムトリップ

　茅葺きの屋根の形が、手を合わせて合掌した様子に似ていることに由来する合掌造り。この白川郷と富山県の五箇山地区にしか見られず、1995年、「白川郷・五箇山の合掌造り集落」として世界文化遺産に登録されました。大きくとった屋根裏では養蚕が営まれ、豪雪地帯のこのあたりでは農閑期の冬、貴重な収入源になったそうです。霊峰白山に源を発する大白川と庄川が交わる流域に、集落が点在します。夕暮れのころ、薄墨に屋根のシルエットが浮かぶと、その姿は祈りを捧げているようにも見えます。ぽつりぽつりとともる灯りのもと、囲炉裏を囲み昔ながらの暮らしが営まれていても不思議ではありません。毎年、春には集落の人たちが協力し行う、茅葺き屋根の葺き替え作業も季節の風物詩。白川郷では、今も昔ながらの暮らしが息づいているのです。

旅のヒント　世界遺産に登録された集落の中で、最も大きいのが荻町集落。内部を見学できる家屋をはじめ、刈り取った稲を干すハサ小屋、水路などが保存されています。合掌造りの宿もあり、地元で捕れた川魚や山菜料理が並ぶ夕食時は囲炉裏を囲み、昔ながらの暮らしを体験できます。翌朝は早起きをして高山へ抜け、朝市を楽しむのもいいでしょう。

★**所在地**／岐阜県大野郡白川村
★**アクセス**／JR名古屋駅から岐阜バスで約2時間40分、JR金沢駅から北陸鉄道バスで約1時間30分。いずれも要予約。東海北陸自動車道白川郷ICから、村営せせらぎ公園駐車場まで約10分
★**問い合わせ先**／白川郷観光協会
★**TEL**（05769）6-1013
★**URL** shirakawa-go.gr.jp

白川郷周辺で雪が積もり始めるのは12月下旬から。年によって異なるが、通常3月くらいまで雪が降り、積雪は2mを超えることも珍しくない。冬季に行われるライトアップのイベント見学は完全予約制なので注意したい

白川郷

しらかわごう

岐阜県

紅掛花色
べにかけはないろ

明るい青紫色。縹(はなだ)色の下染に紅を上掛けしたもので、同じ染法により濃く、紫が強く出る「紅掛空色」もある。

紫苑色
（しおんいろ）

一夜にして現れる「幻の湖」が
幻想的な風景を作り出す

　小田代原は不思議な場所です。普段は
何もない草原に、ある日突如として湖が
出現するのです。かつてここは湿地帯で
したが、今は乾燥が進み水の気配はあり
ません。ところが集中豪雨など、短時間
にまとまった雨が降ると、盆地状の地形
に水がたまり、景観が一変するのです。
その湖は人々の間でいつしか「幻の湖」
と呼ばれるようになりました。湖は周囲
にあるミズナラやカラマツといった木々
をくっきりと映し出します。ことに秋の
紅葉の季節にこの湖が現れると、黄色く
色づいた葉と銀色の湖上にかかる靄が、
風景をひときわ輝かせます。静寂に包ま
れた湖畔には「小田代原の貴婦人」と呼
ばれるシラカバの木が立ち、その優美な
姿が水面にも現れます。数年に一度しか
見られないこの稀有な情景。もし出会う
ことができたら、あなたはかなり幸運です。

**旅の
ヒント**　小田代原にはハイキングコースが設けられてい
て、初夏から夏にかけて色とりどりに咲く野の
花を眺めつつ散策を楽しめます。湖を見たけ
れば、ニュースなどで情報を集めるようにし、大雨や
長雨の後に訪れるといいでしょう。なお、周辺の車道
は一般車両の乗り入れが禁止されていますが、低公
害バスが運行していて乗車可能です。

★**所在地**／栃木県日光市中宮祠
★**アクセス**／JR・東武鉄道日光駅から東武バスで約1時間10
分、赤沼下車。ここから日光交通の低公害バス（4～11月のみ）
に乗換えて約10分、小田代原停留所下車。赤沼車庫と千手ヶ
浜を結ぶ道路は一般車両の乗り入れが禁止されている
★**問い合わせ先**／日光湯元ビジターセンター
★**TEL** (0288)62-2321
★**URL** nikkoyumoto-vc.com

小田代原

● おだしろがはら

栃木県

紫苑色
（しおんいろ）

その名の通り、多年草のしおんの花のような青みがかったくすんだ薄い紫色。平安時代より貴族を中心に衣の色として好まれた。

奥日光の有名な湿原である戦場ヶ原の西に広がるこの土地は、
湯ノ湖から流れ出す湯川が氾濫したときにその水を受け止める自然の遊水池の役割を担っている。
なおすぐ下流にある中禅寺湖は自然に作られた堰止湖だが、
華厳の滝がある大谷川には湖からの流出量を調節するダムがある

壷菫色〈つぼすみれいろ〉

白毫寺の藤棚　びゃくごうじのふじだな

兵庫県

つぼすみれいろ
壷菫色

スミレの花の総称である「壷菫」。
これは花の形が墨壺に似ていることに由来しているとか。
この花の花芯部のように濃い紅紫色。

圧巻の長さ120mの藤棚で薫風に揺れるフジの花

　白毫寺は、伝承によれば705（慶雲2）年の開基といわれる丹波地方有数の古刹であり、天台宗の五山に数えられる名刹です。しかしそのお寺の名前は西日本屈指のフジの名所として広く知られています。毎年5月、境内にある長さが120mもある藤棚から垂れ下がる紫の花を眺めるためにたくさんの人が訪れます。ここの藤は「九尺ふじ」といわれる品種。さすがに九尺（約270cm）もの長さにはなりませんが、通常は20〜50cmの花房が、このフジは120cm以上にもなります。藤棚の下から眺めると、まるで紫の花がシャワーのように降り注いでくるように見え、風にそよぐ優雅な姿は圧巻の美しさ。満開の時期には夜間のライトアップが行われます。ライトに照らされた紫の花は、何か怪しげな雰囲気があり、違った花の美しさを愛でることができます。

旅のヒント　満開時にはかなりの混雑が予想されるので、車で訪れる場合はできるだけ早い時間に向かいましょう。例年5月上旬から中旬が見ごろですが、年によって異なるので事前にお寺のSNS等で開花状況を確認してでかけましょう。白毫寺は秋の紅葉の美しさも知られていますが、人が少ない時期にしっとりとした古刹の雰囲気を味わいながら、静かに境内を巡るのもおすすめです。

★所在地／兵庫県丹波市市島町白毫寺709
★アクセス／JR福知山線市島駅下車、タクシーで約8分。舞鶴自動車道春日ICから福知山方面へ約10分
★問い合わせ先／白毫寺
★TEL（0795）85-0259
★URL www.byakugouji.jp

この優雅な姿のフジの種類は「野田長ふじ」と呼ばれる園芸品種。記録では180cmの長さになったものがあった。4月終わりから5月初旬に行われる「九尺ふじまつり」では丹波の食材を使った屋台などが出て賑わう

菖蒲色（あやめいろ）

気温は低いが雪が少ない奥秩父は
かき氷などの材料となる天然氷の産地として知られている。
ところが近年の地球温暖化で昔は冬の間に2回作れていた天然氷が
1回しか作れなくなったという。
同様に三十槌の氷柱も年によって氷柱ができなかったり、
見学できる期間が短くなったりしている

三十槌の氷柱

●みそつちのつらら

菖蒲色 (あやめいろ)

青紫に赤みを加えた紫色。「あやめいろ」「しょうぶいろ」とも読め、色彩規格では「あやめ」は赤みが強く、「しょうぶ」は濃い紫となる。

埼玉県

厳しい寒さが作り出した氷の芸術作品

　自然は時に思いがけないようなアートを生み出します。特に冬、水と寒さが作る氷の作品は私たちの目を楽しませてくれます。そして時には超大作になることも。埼玉県の山奥に冬限定の自然アートの展示場があります。場所は奥秩父。荒川の源流に近い岩場に現れる三十槌の氷柱です。川辺にある岩の表面を滴り落ちる清水が凍り、無数の長い氷柱となったもので、大きさが高さ8m、幅は30mにも達するものもあるそうです。見ごろを迎えるのは、寒さが最も厳しい1月中旬から2月中旬ごろにかけて。まったく予想ができない自然の造形は、様々な形で目の前に現れます。昼間見る氷の作品群には色彩はないに等しいですが、夜ライトアップされると、がぜん妖しい光を放ちます。できれば昼夜両方に訪れて、その違いを楽しみたいものです。

旅のヒント　氷柱が現れる時期は年によって差があるので、訪れる前に秩父観光協会のウェブサイトなどで状況を確認しましょう。手前を流れる荒川では、凍っていると足元が滑りやすくなるので注意が必要です。ライトアップは1月中旬から2月中旬にかけて行われ、照らされた氷柱が川に映り込む様子も楽しめます。

日中に見る氷柱はこんな感じ。
秩父にはこの他に「あしがくぼの氷柱」や「尾ノ内氷柱」などの「氷柱スポットが」存在している

★所在地／埼玉県秩父市大滝
★アクセス／西武秩父駅から西武観光バスで約40分、三十槌停留所下車。徒歩約5分。
　関越自動車道花園ICから南西へ約48km、約1時間30分
★問い合わせ先／一般社団法人秩父観光協会大滝支部
★TEL（0494）55-0707
★URL www.chichibuji.gr.jp

紅藤色 〈べにふじいろ〉

橋杭岩

● はしくいいわ

和歌山県

紅藤色（べにふじいろ）

赤みがかったあわい紫色。藍で下染し、紅花で上掛けされたことから「紅掛藤」ともよばれ、若者向きの衣の色として人気があった。

国道42号線にある「道の駅 くしもと橋杭岩」の駐車場が一番のフォトスポット。
干潮時、ごつごつした岩が散らばる風景もなかなか絵になる

並び立つ岩の間から昇る神々しい朝日

あるとき、弘法大師と天邪鬼が、一夜で沖の島まで橋が架けられるか賭けをしました。弘法大師はあっという間に島までの杭を建て、あとは橋を載せるだけです。慌てた天邪鬼が鶏の鳴きまねをして朝が来たように見せかけると、弘法大師は賭けに負けたと思い、橋を架けず杭をそのままにして去ってしまいました。紀伊半島南端の串本町にある、大小40余りの岩が一列に並ぶ「橋杭岩」はこうしてでき上がりました――。日本各地に存在する奇景には頻繁に成立の神話が存在しますが、これもそのひとつ。昔の人の想像力に感心させられます。ここでは5月から11月にかけて橋杭岩の間に朝日が昇ります。刻々とその色を変える朝焼けの空と黒いシルエットの岩。その光景は物語をはるかに超える美しさ。夜明け前から大勢の人が三脚を立ててカメラを構えています。

旅のヒント

潮の満ち引きによって異なる楽しみ方ができます。干潮時なら岩のあるところまで歩いて行き、磯遊びなどが可能。満潮時には駐車場から岩を見るのみとなりますが、時間帯によっては岩が水に映る美しい景色が楽しめます。秋の夜間には3日間ほど岩のライトアップが行われ、幻想的な雰囲気に包まれます。

★所在地／和歌山県東牟婁郡串本町
★アクセス／JR紀勢本線串本駅または紀伊姫駅下車。徒歩約20分。串本駅から串本町コミュニティバスもあり、橋杭岩停留所まで約3分
★問い合わせ先／南紀串本観光協会
★TEL (0735)62-3171
★URL kankou-kushimoto.jp

半色〈はしたいろ〉

蹴上インクライン〈けあげいんくらいん〉

半色（はしたいろ）

紅臈色よりくすみが強いのが「はしたいろ」。「半端」という意味で、平安時代は禁色とされていた濃い紫を避ける意味でつけられた。

京都府

廃線後、一時は線路が撤去されたが、1977年に復元され、産業遺産として保存されることになった。現在は国の史跡に指定されている

郷愁を誘う、どこまでも「歩ける線路」

　京都市左京区の南禅寺近くに、世界最長を誇った全長582mのインクライン（傾斜鉄道）跡地があります。高低差のある水路の間を、船を積荷ごと台車に乗せて運搬していた蹴上インクラインは1891（明治24）年に運行を開始。ケーブルカーのように台車を引っ張り上げ、上流の蹴上船溜と下流の南禅寺船溜の高低差を乗り越え、地域の産業に寄与してきました。しかし船以外の流通網が発達したことで1948（昭和23）年に廃線に。すべての設備が撤去されましたが、後に復元。復活したレールは「歩ける線路」として親しまれています。

　インクラインの両側には桜が植樹されているため、春先には美しい桜並木が出現します。朝、日が昇る前、薄暮のなかで見る桜は紫色に染め上がり、どこか郷愁を誘う美しさ。夏になれば鮮やかな緑のトンネルが出現し、冬には白い雪化粧が施され、季節ごとに違う趣を楽しめます。

旅のヒント　インクラインの両側にはソメイヨシノやヤマザクラ、約90本が植えられており、地元で有名なお花見スポットとなっています。線路の途中には船を乗せていた台車が展示されており、近くにはインクラインに電力を供給していた蹴上発電所跡もあります。

★所在地／京都市左京区粟田口山下町～南禅寺草川町
★アクセス／地下鉄東西線「蹴上駅」下車、徒歩約3分または市バス「岡崎法勝寺町」下車、徒歩約5分
★問い合わせ先／京都総合観光案内所（京なび）
★TEL（075）343-0548
★URL ja.kyoto.travel

菫色〈すみれいろ〉

黄昏の一瞬に染められていくかまくらの幻想的な眺め

　横手のかまくらは、毎年2月15日、16日の夜に行われる小正月の伝統行事。みちのくの冬の風物詩として知られています。高さ3mほどのかまくらの中には、水神様が祀られています。中の人たちは、あまえこ（甘酒）やお餅などを味わいながら、話をはずませます。一般的にイメージされるこのようなかまくらは、市役所本庁舎前や横手公園などで見られます。一方、蛇の崎川原を埋め尽くすのはミニかまくら。夕方5時頃から、ミニかまくらの中に明かりが灯され、星空のような光景が広がります。雪でつくられたかまくらは、もちろん真っ白。しかし、日没直前、黄昏時ともトワイライトタイムとも呼ばれる空だけがまだほのかに明るい時間帯、かまくらを含めた雪景色は、紫に近い色合いに染められます。その時間帯は、雪国の幻想的な一刻。すぐにあたりは夜の帳に包まれ、雪は灯りにぼんやりと白く輝き始めます。

旅のヒント 雪まつりのメイン会場は、横手市役所本庁舎前、蛇の崎川原、横手公園など。かまくらの中には入ることができますが、子どもたちがいる場合も。そんなときは入っていいか尋ねてみましょう。「はいってたん（入ってください）」と声をかけてくれるはずです。各会場は徒歩でもまわれますが、5～10分に1本ほど運行されている無料の巡回バスを利用するのがおすすめ。

★所在地／秋田県横手市
★アクセス／JR大曲駅から奥羽本線で約20分、JR横手駅下車、メイン会場となる横手市役所本庁舎までは徒歩で約15分、横手公園周辺まではそこから徒歩で約15分
★問い合わせ先／横手市観光協会
★TEL (0182)33-7111
★URL www.yokotekamakura.com

横手
雪まつりのかまくら
●よこて ゆきまつりのかまくら

秋田県

菫色〈すみれいろ〉

すみれの花からきた色名で青みの濃い紫色。すみれは万葉集にも登場し、この色も平安時代から愛されてきた。洋名はバイオレット。

毎年2月中旬に行われる「横手の雪まつり」では、
市の中心部の各所にかまくらや雪の人形が作られ訪れるたくさんの人を楽しませる。
横手川の蛇の崎川原には約1500ものミニかまくらが作られ、
その幻想的な様子は「地上の天の川」とも呼ばれている

桔梗色〈ききょういろ〉

高ボッチから見て富士山は南東方向へ直線距離で約105km。
その間はJR中央本線が走る盆地状の土地になっているので遮るものがなく、
きれいな山の稜線を見ることができる

高ボッチ
たかぼっち

長野県

桔梗色
きょういろ

きょうの花のような「青紫」の代表的な色。平安時代からの伝統色で主に秋に着用する衣の色とされた。

巨人が腰を下ろした高原で
360度の大パノラマを楽しむ

　標高1665mのなだらかな山道を登り頂上に着けば、そこには高い空と360度の壮大な眺望が広がります。なんとも開放的なこの地の名は「高ボッチ」。この風変わりな名前は、国創りの神話に登場する大男「ダイダラボッチ」に由来するといわれています。このダイダラボッチが登場する神話は日本各地にあり、山を造るために掘った場所が湖や池になったり、足跡が窪地になったりしています。ここはダイダラボッチが都から山を移動させる途中、休憩時に腰を下ろしたところといわれています。周囲に遮るものがないこの高台からは、富士山をはじめ、南北アルプス山脈などの山々と諏訪湖が見渡せ、足下にはツツジやリンドウなど季節の花が見られます。車で気軽に訪れることができるのもこの展望台の魅力のひとつ。ハイキングを楽しむこともできます。

旅のヒント　6月はレンゲツツジ、7月はニッコウキスゲなど、初夏から秋にかけて、様々な高山植物が見られます。牛が放牧されるのもこの時期。鮮やかな牧草地と青い空の風景も絵になります。1952年から開催されている草競馬も高ボッチの名物。日本全国から競走馬や農耕馬、ポニーが集結しレースを繰り広げます。

眼下に広がる諏訪湖の夜景。
大ヒットしたアニメ映画『君の名は。』に登場する湖は諏訪湖がモデルとされ、その風景は高ボッチから見たものともいわれている

★所在地／長野県塩尻市大字片丘
★アクセス／JR中央本線塩尻駅下車。タクシーで約40分。長野自動車道塩尻ICから国道20号線と高ボッチスカイライン経由で約13km、約40分。12月上旬～4月下旬は冬季閉鎖
★問い合わせ先／塩尻市観光センター
★TEL（0263）88-8722
★URL tokimeguri.jp

桃

ただただ「ハッピー」になる桃色の絶景

ハートマークはピンク色。
このイメージはそのまま、色の効果に直結しています。
ホルモン分泌を活性化させるといわれている
桃色は人と人との距離を縮め、幸福感を高めてくれます。
優しい気持ちを取り戻したいとき、
恋をしたいときに出会いたい絶景です。

槿花色〈むくげいろ〉

花筏 ●はないかだ

青森県

弘前城を囲む濠の水面が桜の花びらで覆われる様子を花筏と呼んでいる。
四方を濠で囲まれている弘前城のいろいろな場所で花筏を見ることができる

槿花色〈むくげいろ〉

弘前公園は東北屈指の桜の名所。華やかな昼間の桜もいいが、ライトアップされ、桜の花が自ら光を放っているように見える夜の桜も不思議な美しさがある

自然のいたずらか、ぽっかり空いた空間がみごとなハートだ!! 弘前公園の「隠れスポット」として話題のこの場所、真下の地面に設置されたハートマークが目印となっている

> 槿(むくげ)の花を由来とする少しくすんだ紅色だが、明るい印象がある不思議な色調。平安時代から愛されてきた伝統色。

槿花色(むくげいろ)

満開の桜の花々よりも
散って水面に咲き誇る絶景

「花筏」と呼ばれる弘前城の濠を埋め尽くす桜の花びらは、桃色のじゅうたんのような優美な眺めで知られています。日本の春を染める桜は、満開の下で花見を楽しむのが普通のこと。散った花びらが川や濠などで流れていく様子も情緒がありますが、どこよりも桜の景色の変化を満喫できるのが弘前公園だといえるでしょう。約50種、2600本ほどの桜が植えられている弘前公園は、全国に知られた桜の名所。しかし、満開の桜以上に有名なのは「花筏」です。日本各地でも「花筏」は見られるものの、弘前のそれは別格。華麗で豪快な眺めは、満開の花々よりも心に残ります。弘前では「花筏予想」が発せられるほど。「開花予想」は一般的ですが、弘前では「花筏」も開花と同様、いやそれ以上に重視されているのです。「花筏」の時期には、通常は入れない外濠の土手の一部も開放されます。

旅のヒント 桜は枝を切ることがタブーとされていました。弘前では、リンゴの選定技術を駆使して枝を払い、桜の生命力を引き出す「弘前方式」を確立しています。弘前の桜が注目されるのは、その革新的な技術による日本一の徹底した管理のためでもあるでしょう。優美に咲き誇る多彩な桜や見事な「花筏」が眺められるのも、桜に対する弘前の独自の取り組みのためかもしれません

弘前公園というと桜ばかりが注目されるが、公園の中心にある弘前城は東日本で唯一現存天守(江戸時代に建てられたオリジナルの天守)が残る貴重な城。国の重要文化財に指定されている

★所在地／青森県弘前市下白銀町1
★アクセス／JR新青森駅から奥羽本線で約40分、弘前駅下車。そこから弘南バスで約10分、市役所前もしくは文化センター前下車。徒歩約3分
★問い合わせ先／弘前市役所 公園緑地課
★TEL (0172)33-8739
★URL www.hirosakipark.jp

萩色〈はぎいろ〉

かたくり群生の郷

かたくりぐんせいのさと

萩色 はぎいろ

秋田県

秋に咲く萩の花のような少し紫がかった明るい紅色。平安時代から好まれてきた色で、『枕草子』など、多くの古典にも登場する。

かたくりは雪解けを待って一斉に芽吹き、雪が消える頃に花が咲き始める。ここでは例年4月の中旬から5月上旬が見ごろになる

広大な敷地を埋め尽くす
花言葉が「初恋」のかたくりの花

　広さはおよそ20ha。東京ドーム4.2個分に相当する敷地を埋め尽くしているかたくりの花を楽しむためには、散策マップが欠かせません。秋田内陸線の八津駅周辺に広がる「かたくり群生の郷」では、いくつかあるハイキングコースのうち八津中心コースの先に広がる群生地が圧巻の眺め。さらに奥へと進めば、山辺遅咲きコース、林間散策コースなどが続き、山の斜面に咲き誇るかたくりや遅咲きのかたくりを観賞することができます。うつむくように花を下へ向けて咲くかたくりは、どこか控えめなたたずまい。群生する花々は薄紫やピンク色に山肌を染め上げています。なかには純白の花も見つかります。かたくりには悲恋の姫の物語が語り継がれます。愛する人を思い流した涙のあと一面に咲き誇ったのがかたくりの花。かたくりの花言葉は「初恋」で、白いかたくりの花を見つけると良縁が叶うと伝えられています。

旅のヒント　かたくりと聞くと「片栗粉」を思い浮かべますが、現在、片栗粉はジャガイモのでんぷんからつくられているのがほとんど。かたくりからつくられた片栗粉は貴重な存在となっています。「かたくり群生の郷」のかたくりは、特産の西明寺栗を栽培する栗林に自生したもの。栗の木の剪定や間伐により日当たりがよく、堆肥も適していたため、これほどの規模になったと考えられています。

★所在地／秋田県仙北市西木町小山田字八津
★アクセス／JR角館駅から秋田内陸縦貫鉄道で約15分、八津駅下車。徒歩約5分
★問い合わせ先／西木観光案内所
★TEL（0187）42-8480
★URL katakurikan.jimdoweb.com

桃色〈ももいろ〉

紫雲出山の桜

しうでやまのさくら

香川県

桃色
ももいろ

「ピンク」は赤と白の中間色として幅広く使用されるが、桃色は「桃の花の色」と具体的な色調を指す。洋名は「ピーチカラー」。

浦島伝説の残る山にたなびく霞のごとく咲く桜

　満開の桜の向こうに霞がかかった瀬戸内の海と島々が見えます。すべてが淡く穏やかな色彩に包まれる春の景色は、見る人の心も穏やかにしてくれます。香川県西部にある紫雲出山の展望台は、日本人の心に響く、そんな春の景色が見られる絶好のスポットです。紫雲出山は標高352m、瀬戸内海に突き出した荘内半島にあります。この地域には各地に浦島伝説にちなむ地名や伝承が残っており、この山の名も、浦島太郎が開けた玉手箱から立ち上ったという紫の煙に由来するそうです。山頂周辺には1000本の桜が植えられ、展望台からは満開の桜の背後に瀬戸内海を配した絶景が一望のもとに見渡せます。ここは夕日の名所としても知られています。瀬戸内の海に沈む神々しい黄金色の太陽は、きっと浦島太郎が訪れた龍宮城に匹敵する美しさでしょう。

旅のヒント　紫雲出山は中腹まで車道が通じており、そこから10分ほど歩くと山頂にたどり着きます。山頂には弥生時代の遺跡があり、竪穴式住居と高床式倉庫が復元されているので、景色と併せて見学しましょう。桜だけでなく、アジサイやツバキ、スイセン、沈丁花など、四季折々の花が山を彩り目を楽しませてくれます。

★所在地／香川県三豊市詫間町
★アクセス／JR予讃線詫間駅下車。タクシーで約30分。紫雲出山山頂は駐車場から徒歩約10分。桜シーズン期間の車での入山は混雑緩和のため事前予約が必要
★問い合わせ先／三豊市観光交流局
★TEL (0875)56-5880
★URL www.mitoyo-kanko.com

紫雲出山の山頂には周囲360度見渡せる展望施設がある。桜の季節には三脚を立てて撮影に励むたくさんのフォトグラファーがいるが、スペースが限られているので、譲りあって誰もが楽しめるようにしたい。

紅鶸色〈べにひわいろ〉

満開の時期は5月中旬〜6月の上旬。
まぶしいほどの鮮やかな花が斜面を覆いつくす

ひがしもこと芝桜公園

紅鷽色（べにひわいろ）

「べにひわ」という小鳥の頭頂部の色が由来。少し紫がかった濃く、鮮やかな紅色。紅鷽は日本北部に飛来するスズメ目の冬鳥。

一人の農家が手がけ始めた
北国の春を祝福する桃色の丘

　北海道の中でも、最後に春がやってくる地域のひとつが道東です。本格的な春を感じられるのは5月の連休明け。草木の緑と桜や梅などの花々が一斉に大地を彩りますが、ひと際賑やかな明るさを見せるのが「ひがしもこと芝桜公園」です。芝桜は地面に張り付くように広がる多年草で、直径1.5cmほどの花は桜にそっくり。桃色や薄紫、赤や白の可憐な花を咲かせますが、10haの丘を埋め尽くす芝桜は、周辺の緑の自然の中に強烈といえるほどの桃色を浮かび上がらせています。ひと握りの芝桜の株が植えられたのは1977年のこと。地元のひとりの農家によって、公園の一歩は始まりました。機械が使えない斜面地での作業、雑草との闘いなど困難と一つひとつ向かい合う農家の姿は、村を動かし、やがてこの壮大な公園を実現させたのです。そんな歴史を知っていると、芝桜の景色はより胸を打つに違いありません。

旅のヒント　結構斜面が急な公園には、遊覧車も運行しています。1周820mのゴーカートコース、釣り堀、日帰り温泉、足湯やキャンプ場も整備されているので、楽しみ方は様々。春とはいえ、まだまだ肌寒い道東、公園を満喫したあとは、天然温泉であたたまるのもおすすめです。園内には、福島県相馬郡からこの地に入植した人々が、故郷のご神体を拝受した神社も鎮座しています。

ひがしもことしばざくらこうえん

北海道

園内に咲く芝桜の種類は7～8種。
鮮やかなピンク色から、白、紫色などの花がある。
例年5月初旬から末まで「芝桜まつり」が開催され、
世界中から人が集まる

★所在地／北海道網走郡大空町東藻琴末広393
★アクセス／JR網走駅から網走観光交通のバスで約35分、東藻琴バス会社前下車。そこからタクシーで約5分。芝桜の開花時期限定でバス利用者に限り東藻琴バス会社前から無料送迎車の運行あり（要予約）。JR網走駅よりタクシーで約40分
★問い合わせ先／東藻琴芝桜公園管理公社
★TEL（0152）66-3111
★URL shibazakura.net

数百本の傘の花々が作る幻想アートの新世界

薔薇色
（ばらいろ）

ピンク、青、赤、白、水色などのカラフルな色の傘が重なるように壁に飾られ、天井からも吊り下げられています。渦巻き模様や花柄があしらわれた傘も見られます。1本だけであれば雨を避ける道具に過ぎない傘も、これだけの数が集まると圧倒的な迫力に満ちていて、それぞれの個性を競い合っているかのように思えます。それは、まさに現代アートの世界。幻想的にも見えますし、気持ちを高ぶらせてくれる魅力にもあふれています。「アンブレラスカイ」と呼ばれるこの装飾は、2012年、ポルトガルの小さな町で芸術祭の一環として始まり、世界へ広まりました。猪苗代ハーブ園でスタートしたのは2019年。悪天候の日に、温室内で楽しめ

るものとして始まりました。約740本の傘を飾る同園の「アンブレラスカイ」は、プールの水面に傘が映ることもあり、瞬く間に人気を集めるようになりました。

旅のヒント
10万㎡の土地に約200種類のハーブが栽培されている猪苗代ハーブ園は、ホテルリステル猪苗代の敷地内にある施設のひとつ。ホテルは磐梯山や猪苗代湖を望む標高600mにあるリゾートです。部屋数は約370室で、全部屋レイクビュー。展望露天風呂、クアハウスやプール、ゴルフ、テニスなどの施設が充実し、冬にはスキーなどが楽しめるウィンターリゾートとして有名です。

★所在地／福島県耶麻郡猪苗代町川桁リステルパーク
★アクセス／JR郡山駅から磐越西線で約40分、猪苗代駅下車。そこから無料シャトルバスで約15分（要事前予約）
★問い合わせ先／猪苗代ハーブ園
★TEL (0242)66-2690
★URL www.listel-inawashiro.jp

猪苗代ハーブ園の
アンブレラスカイ

●いなわしろはーぶえんのあんぶれらすかい

福島県

薔薇色
（ばらいろ）

赤いバラのような艶やかな紅色。
日本では「薔薇」は「そうび」や「しょうび」と親しまれてきたのでこれらの名でよばれることも。

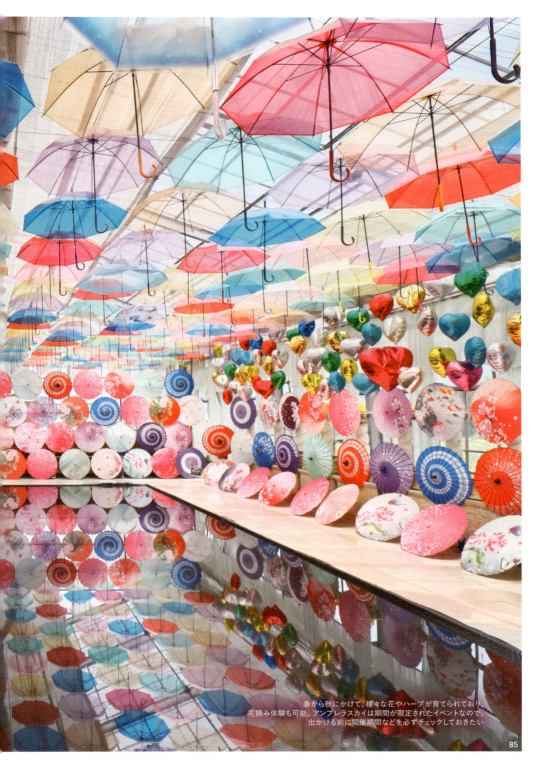

春から秋にかけて、様々な花やハーブが育てられており、
花摘み体験も可能。アンブレラスカイは期間が限定されたイベントなので、
出かける前に開催期間などを必ずチェックしておきたい

海棠色〈かいどういろ〉

大魚神社の海中鳥居

●おおうおじんじゃのかいちゅうとりい

佐賀県

海棠色
〈かいどういろ〉

桜のような愛らしい花、海棠〈かいどう〉が由来。
春に咲き、「温和」という花言葉をもつこの花の通り、
優しい紅色を指す。

沖之神

この鳥居が建つ有明海は干潮と満潮の差が最大で6mにもなる、
日本一干満差が大きな海。
干潮時には沖合数百m先まで潮が引き、
鳥居の下に石畳を敷いた参道が現れる

有明海の潮の満ち引きが生み出す
変化し続ける鳥居の風景

　有明海の西の岸に立つ3本の赤い鳥居は、それだけでも印象的な風景ですが、時刻により、季節により、その眺めは変化していきます。不思議な光景を演出しているのは、有明海の潮の干満の差。満潮時には、鳥居の半ばまで海水に満たされ、干潮時には、鳥居の下に参道が現れます。他県からの旅行者は、有明海の干満の大きさについて知識はあっても、実際の光景を目にすると、目を丸くして驚くはずです。この鳥居には伝説があります。沖合いには、満潮時に沈んでしまう沖ノ島がありますが、およそ300年前、住民たちが悪代官を懲らしめようと、この島に置き去りにしました。しかし、大きな魚が現れ悪代官を助けました。悪代官は改心し、沖ノ島に大魚神社を建立し、海中鳥居を立てたといわれます。以来、鳥居は海の守り神として大切にされ、30年ごとに建て替えられています。

旅の ヒント　潮の満ち引きで見た目が変化する鳥居は、空模様によってもその姿を変えていきます。朝は日の出前に紫から桃色へと次々と異なる色彩に染められていき、やがて赤い鳥居はくっきりと朝日に輝きます。夕方は、空が闇に包まれる頃、明るさのトーンを幻想的に変化させていきます。海中鳥居は月夜のすばらしさでも有名で、「日本百名月」にも認定されています。

★所在地／佐賀県藤津郡太良町多良1874-9先
★アクセス／JR博多駅から鹿児島本線で鳥栖駅へ。長崎本線に乗り換え多良駅下車。徒歩約10分
★問い合わせ先／太良町観光協会
★TEL (0954) 67-0065
★URL tara-kankou.jp

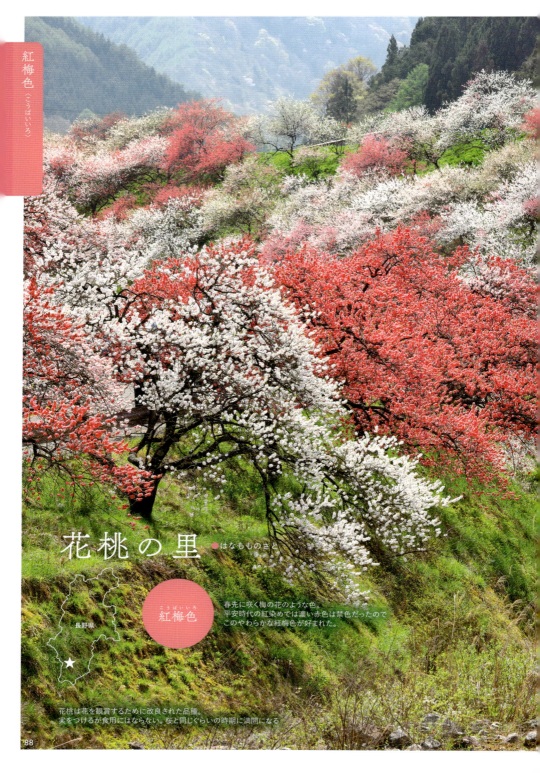

紅梅色〈こうばいいろ〉

花桃の里　●はなもものさと

紅梅色
〈こうばいいろ〉

長野県

春先に咲く梅の花のような色。
平安時代の紅染めでは濃い赤色は禁色だったので
このやわらかな紅梅色が好まれた。

花桃は花を観賞するために改良された品種。
実をつけるが食用にはならない。桜と同じぐらいの時期に満開になる

赤、白、ピンク3色に咲き誇る 桃のグラデーションに酔いしれる

　赤、白、ピンクと1本の木で3色の花を咲き分ける花桃は「三色花桃」と呼ばれますが、なぜこのような現象が起こるのかはわかっていません。花桃は観賞用の桃の花。実をつける桃の花より少し大ぶりな八重桜のような花が特徴です。4kmの道なりに約5000本の花が咲き誇る月川温泉郷の花桃の里は、変化に富んだ花桃の魅力を満喫できる日本随一のスポットといえます。花桃の里の歴史は大正時代に遡ります。木曽川の電力王と呼ばれた福沢桃介が、ドイツのミュンヘンを訪ねた際に、その美しさに魅了されて購入した苗が木曽に植えられたのが始まりとされます。ちなみに、桃介は福沢諭吉の娘婿です。花桃の里より標高の低い昼神温泉郷にも約200本の花桃が咲き乱れ、国道256号線沿い約40kmにわたる「はなもも街道」は花桃が車窓から楽しめるドライブコースとして知られています。

旅のヒント　花桃の里がある阿智村は、日本一の星空の村としても知られます。春には桃だけではなく、桜も様々な場所で咲き誇り見どころとなっていますが、村ならではのもうひとつのスポットは「水芭蕉の小径」。ロープウェイで上がった「ヘブンスそのはら」にあり、約1万株の水芭蕉の大群生が見られます。ここでは3株だけの「黄色水芭蕉」も見ることができます。

★所在地　長野県下伊那郡阿智村智里
★アクセス　中央自動車道飯田山本ICから約20分（名古屋方面からは園原ICから約5分）
★問い合わせ先／阿智村昼神観光局
★TEL（0265）48-5750（花桃専用ダイヤル）
★URL hirugamionsen.jp/hanamomo/

幸福駅 駅舎

こうふくえきえきしゃ

躑躅色 〈つつじいろ〉

躑躅色
〈つつじいろ〉

「つつじ」のような紫みが強い紅色で、平安時代からの伝統色で、当時からある「ヤマツツジ」が由来。洋名は「アザレアピンク」。

新たなスタートを切った駅舎が再びピンク一色に染められる日

どこまでも雄大な十勝平野にぽつんと建つ幸福駅の駅舎。旧国鉄広尾線に1956年開設された駅は、広尾線廃線とともに1987年、その役目を終えました。隣の駅が愛国駅であるため、「愛の国から幸福へ」のキャッチフレーズで一大ブームとなったのは1970年代終わりからのことです。現在も、年間20万人以上が訪れる十勝随一の観光スポットである駅舎の内部は、壁から天井までピンク色の切符がびっしり。あまりにもピンクの色合いが強烈過ぎる眺めは、かつてのブームの頃とはまったく違った幸福駅のイメージとして定着しています。2024年5月、その切符はあまりにも多くなったため、すべてはがされました。しかし、これから訪ねた人たちが、また以前のように一枚一枚ピンク色の切符を貼っていくことでしょう。そう遠くない日に、駅舎は再びピンク色に染められるはずです。

旅のヒント かつてブームのときに人気だった「愛国から幸福ゆき」の切符は、今も人気となっています。駅舎の裏手にはオレンジ色のディーゼルカーが2台あり、中に入ることができます。1台は運行当時のままの車内。向かい合わせの硬い席、昔の扇風機など、ある年齢層以上にとっては懐かしいレトロな車両です。もう1台はカフェやさまざまな展示スペースとなっています。

★所在地／帯広市幸福町東1線
★アクセス／JR帯広駅から十勝バスで約50分、幸福停留所下車、徒歩約5分。とかち帯広空港からタクシーで約10分
★問い合わせ先／帯広市経済部観光交流室観光交流課観光係
★TEL (0155)65-4169
★URL https://www.city.obihiro.hokkaido.jp

駅舎の外にはプラットホームが保存されていて、かつて広尾線を走っていたディーゼル車2両が置かれている。春から秋の間は駅舎で模擬結婚式が体験できる。

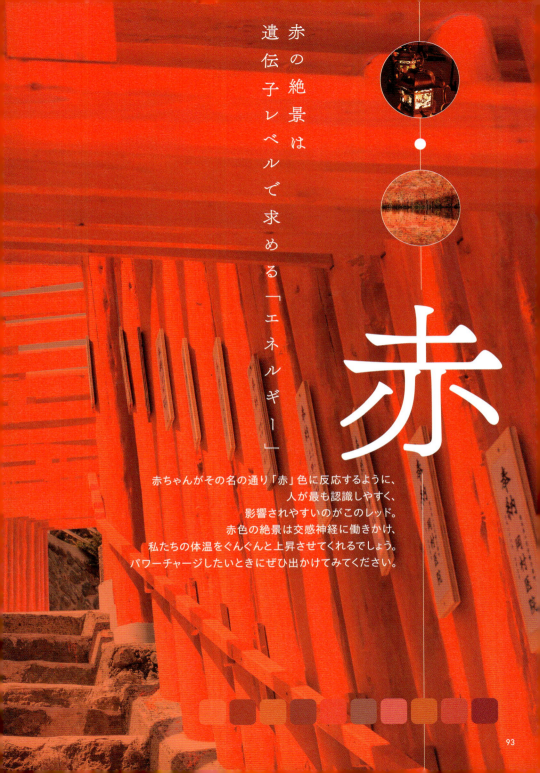

赤

赤の絶景は遺伝子レベルで求める「エネルギー」

赤ちゃんがその名の通り「赤」色に反応するように、
人が最も認識しやすく、
影響されやすいのがこのレッド。
赤色の絶景は交感神経に働きかけ、
私たちの体温をぐんぐんと上昇させてくれるでしょう。
パワーチャージしたいときにぜひ出かけてみてください。

臙脂色 〈えんじいろ〉

安国寺の
ドウダンツツジ
あんこくじのどうだんつつじ

兵庫県

ドウダンツツジは鮮やかな紅葉が注目されるが、
春に見られるつぼ型の白い小さな花もなかなか見ごたえがある。
ソメイヨシノのように葉がでる前に一斉に開花し、木全体が白く見える

臙脂色 〈えんじいろ〉

畳に腰を下ろしてゆっくり眺めたいところだが、
残念ながら紅葉が見ごろの時期はひっきりなしに人がやってくる

臙脂色（えんじいろ）

落ち着いた濃い紅色。「えんじ」としてなじみが深い。古代中国の燕（えん）の国で化粧品に使われていた紅が由来とされている。

本堂の額縁におさめられた
炎のように燃え盛る静寂の秋

　安国寺の本堂に足を踏み入れると、座敷の向こうに広がる深紅の風景に息をのみます。横長の四角い額縁に切り取られたかのような絶景は、一幅の絵画のようです。目の前に広がるのは裏庭を真っ赤に色づけるドウダンツツジ。その躍動感のある紅葉は、山間の静かな寺にあり、静寂に包まれてもいます。絵画に比較されるのは、実際にキャンバスに描かれているかのような完璧な構図と色をもっているからかもしれません。枝分かれしている様子が、灯台（燭台）の脚に似ており「トウダイ」から転じて和名となったとされるドウダンツツジ。日常では、生垣や公園の植え込みなどに重宝されますが、安国寺のそれは樹齢150年以上。10m四方にわたり自由に大胆に枝を伸ばしています。紅葉の見ごろは11月半ば。日没から19時まではライトアップもされ、妖艶ともいえる姿を見せています。

旅のヒント　兵庫県北部の豊岡市にある安国寺は臨済宗の寺院。但馬安國寺とも呼ばれます。鎌倉時代後期の開山とされ、1345年、足利尊氏が後醍醐天皇をはじめとする南朝戦没者の菩提を弔うため安国寺と改称したとされます。ドウダンツツジの紅葉で知られますが、2024年には、初めて新緑の青ドウダンツツジの公開も行われました。見ごろは6月下旬です。

きれいなシルエットの写真を撮るなら、
明暗の差が大きいできるだけ
天気のいい日がおすすめ

★所在地／兵庫県豊岡市但東町相田327
★アクセス／舞鶴若狭自動車道福知山ICから北西へ約36km
★問い合わせ先／但東シルクロード観光協会
★TEL（0796）54-0500
★URL tantosilk.gr.jp

深緋色 (こきあけいろ)

青い日本海へとうねりながら下る123基の鳥居の鮮やかな朱色

　日本海の青々とした大海原へと、100m以上にわたって山の斜面を赤い鳥居がうねりながら続く光景は、そのインパクトの強さから世界的にも有名となっています。神社が建立されたのは1955年とそれほど古くはありません。地元の網元が白狐のお告げにより建てたもので、神社は個人の所有。もともと元乃隅稲成神社でしたが、外国人参拝者が増えたこともあり、名称を短くして2019年に元乃隅神社と改名されました。話題となっているのは、神社の眺めだけではなく、大鳥居の上に据えられた「日本一入れづらい賽銭箱」。地上およそ5mの高さに、小さな賽銭箱があります。ここにお賽銭を入れることができれば、願い事が叶うとされています。

もちろん、入れるのは簡単ではありません。絶景だけではなく、遊び心に満ちた賽銭箱もこの神社の人気の秘密となっているようです。

旅のヒント
　神社近くの海岸には、断崖の岩が波によって削られた洞窟「海蝕洞」があります。波が打ち付けると、穴を通った海水と空気が吹き上げられる現象を見ることができます。「龍宮の潮吹き」と呼ばれ、国の天然記念物にも指定されています。特に、波の荒い冬の時期に見られる「龍宮の潮吹き」はダイナミックな光景として神社とともに観光スポットとなっています。

★**所在地**／山口県長門市油谷津黄498
★**アクセス**／JR長門古市駅もしくはJR人丸駅からタクシーで約20分。中国自動車道美祢西ICから北西に約1時間20分
★**問い合わせ先**／長門市観光案内所YUKUTE
★**TEL** (0837)26-0708
★**URL** yamaguchi-tourism.jp

アメリカの有名なニュースチャンネルが「日本の最も美しい場所」のひとつに選んだことで世界的にも注目のスポットとなり、外国人からの参拝者が急増した

元乃隅神社

もとのすみじんじゃ

山口県

深緋色
こきあけいろ

深緋は「こきあけ」と読み、茜と紫を掛け合わせたような濃く、深い緋色。古来より高貴な色として用いられてきた。

紅葉色〈もみじいろ〉

江戸時代から続く祭りは、
第二次世界大戦時後に中断されたことがあるが、
伝統文化が途切れてしまうことを危惧した有志が
新しい形で復活させた

火をつけようとする側は厄年以外の男たち、
火を防ごうとする側は厄年の男たち。
その攻防が終ると手締めが行われ、社殿に火がかけられる

道祖神祭り（野沢温泉）

●どうそじんまつり（のざわおんせん）

紅葉色（もみじいろ）

赤く色づくカエデの葉のような鮮やかで明るい紅色。平安装束の重ねに用いられていた「紅葉」の色目からこの名がついた。

激しい炎の攻防戦のあとに
燃え上がる社殿の赤々とした火柱

　野沢温泉で古来行われてきた道祖神祭りは、全国的に行われている「どんど焼き」のことだと紹介されます。野沢温泉の道祖神祭りも基本的にはどんど焼きと同じですが、その規模と激しさは想像を絶するもの。「日本三大火祭り」のひとつ（諸説あり）で、まさに「奇祭」という言葉にふさわしい祭りです。道祖神祭りでは、社殿と呼ばれる櫓が組み立てられます。針金や釘を使わない社殿は高さ15mほどの大きさ。1月13日から15日にかけて祭りは開催され、様々な行事があるなか、見どころは火祭りの攻防戦。松明を持って社殿に火をつけようとする人々と、それを防ごうとする人々のまさに戦いが繰り広げられます。最後に火がつけられ、社殿は高々と炎をあげて燃え尽きます。そうして祭りは終わりますが、炎をめぐる攻防戦の激しさと燃える社殿の荘厳さに見学者は圧倒されてしまうはずです。

旅のヒント
江戸時代後期からすでに盛大に行われていたという道祖神祭り。1993年には、国の重要無形民俗文化財に指定されています。社殿は翌日まで燃えていて、この火で餅を焼いて食べる人も多くいます。1年中無病息災でいられるといわれますが、これはどんど焼きと同じです。村祭りに参加、見学できる人は、村民または野沢温泉の宿泊者に限られます。

長野県

巨大な社殿は祭り当日までに
夜を徹して作られる。
人が何人も乗れる丈夫なものだ

★所在地／長野県下高井郡野沢温泉村大字豊郷
★アクセス／JR飯山駅から直通バス野沢温泉ライナーで約25分、野沢温泉停留所着。徒歩約5分。JR飯山駅から長電バスで約40分、野沢温泉停留所着。徒歩約3分
★問い合わせ先／野沢温泉マウンテンリゾート観光局
★TEL（0269）85-3353
★URL nozawakanko.jp

思色 (おもいろ)

多くの植物は塩分があると枯れてしまうが、
サンゴソウは「塩生植物」という高い濃度の塩分にも耐えられる珍しい植物。
1年草で茎だけで葉がないユニークな形をしている

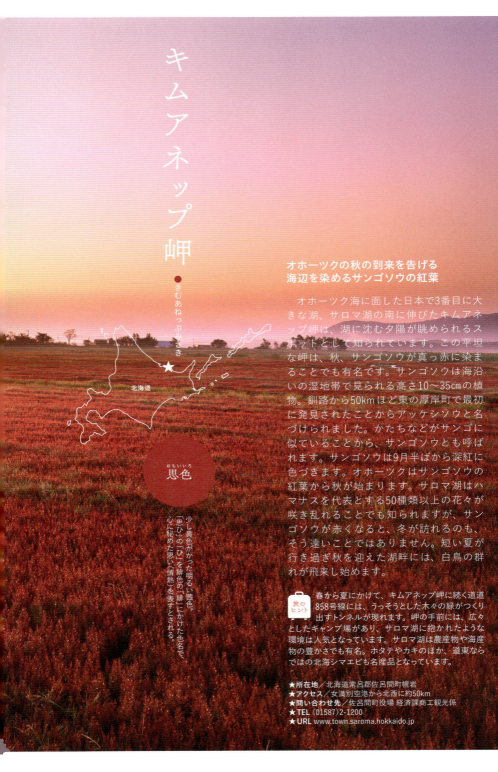

キムアネップ岬

● きむあねっぷみさき

北海道

思色
おもいいろ

少し黄色がかった明るい茜色。「思ひ」の「ひ」を緋色の「緋」にかけた色名で、心に秘めた思い（情熱）を表すとされる。

オホーツクの秋の到来を告げる
海辺を染めるサンゴソウの紅葉

オホーツク海に面した日本で3番目に大きな湖、サロマ湖の南に伸びたキムアネップ岬は、湖に沈む夕陽が眺められるスポットとして知られています。この平坦な岬は、秋、サンゴソウが真っ赤に染まることでも有名です。サンゴソウは海沿いの湿地帯で見られる高さ10〜35cmの植物。釧路から50kmほど東の厚岸町で最初に発見されたことからアッケシソウと名づけられました。かたちなどがサンゴに似ていることから、サンゴソウとも呼ばれます。サンゴソウは9月半ばから深紅に色づきます。オホーツクはサンゴソウの紅葉から秋が始まります。サロマ湖はハマナスを代表とする50種類以上の花々が咲き乱れることでも知られますが、サンゴソウが赤くなると、冬が訪れるのも、そう遠いことではありません。短い夏が行き過ぎ秋を迎えた湖畔には、白鳥の群れが飛来し始めます。

旅のヒント 春から夏にかけて、キムアネップ岬に続く道道858号線には、うっそうとした木々の緑がつくり出すトンネルが現れます。岬の手前には、広々としたキャンプ場があり、サロマ湖に抱かれたような環境は人気となっています。サロマ湖は農産物や海産物の豊かさでも有名。ホタテやカキのほか、道東ならではの北海シマエビも名産品となっています。

★所在地／北海道常呂郡佐呂間町幌岩
★アクセス／女満別空港から北西に約50km
★問い合わせ先／佐呂間町役場 経済課商工観光係
★TEL（01587）2-1200
★URL www.town.saroma.hokkaido.jp

唐紅色
〈からくれないいろ〉

那智山周辺は非常に雨が多いところ。
雨が降ったすぐ後、山は霧に包まれ神秘的な光景が広がる

青岸渡寺

せいがんとじ

和歌山県

唐紅色
からくれないいろ

濃くやや黄色みのある色。紅花を使った染色方法は海外から伝えられた製法のため、「舶来」の意で、名前に「唐」をあてたという。

荘厳な那智の滝を背景にした
三重塔の深紅のたたずまい

　山深い地に歴史的な建造物が数々建ち並ぶ青岸渡寺。「紀伊山地の霊場と参詣道」として世界文化遺産の指定を受けた寺で、最も知られたフォトスポットが、那智の滝をバックにした三重塔の風景でしょう。緑のなかにまっすぐ落ちる那智の滝と鮮やかな朱色の三重塔のコントラストは、大自然の豪快さと建物の優美さのいずれもが引き立てられた稀有な絶景と言えるでしょう。那智山の歴史が始まるのは1600年以上もの前。インドの僧、裸形上人が熊野浦に漂着して那智の滝にたどり着き、厳しい修行中、滝つぼに観音菩薩を見つけたと伝えられます。その後、推古天皇の時代にお堂が建立。那智山は一大修験場として確立されます。青岸渡寺は西国三十三所観音巡礼の一番札所。今もたくさんの巡礼者がここから歩き始めます。現在の三重塔は1972年に再建されたもの。最上階へ上がることができ、那智の滝を望むことができます。

旅のヒント　三重塔は、那智山が霊場として最盛期となっていた平安時代末期に建立されたといわれます。1117年、白河法皇が熊野に御幸された際に訪ねたほか、鳥羽上皇なども訪れたと伝わっています。三重塔に比べると質素な本堂は、豊臣秀吉の命により豊臣秀長が1590年に再建しました。木の風合いが感じられる建物は、現存する南紀最古の建造物とされています。

三重の塔の上から見る那智の滝。落差は133mで、流れ落ちる水量は毎秒1トンといわれる

★所在地／和歌山県東牟婁郡那智勝浦町那智山8
★アクセス／JR那智駅から熊野御坊南海バスで約20分。那智山停留所下車。徒歩約10分
★問い合わせ先／那智勝浦観光機構
★TEL (0735)52-6153
★URL nachikan.jp

真朱色（しんしゅいろ）

ここを訪れるなら緑が美しい新緑のころがおすすめ。
鉄分が酸化して赤くなった岩肌と周囲の緑のコントラストが美しい

嫗仙の滝

おうせんのたき

日本一有名な温泉地から程近い鮮やかな色彩の滝

「嫗(おうな)」とは「翁(おきな)」と対となる言葉。翁は「老人(男)」ですから、嫗は「老女」という意味です。嫗仙の滝の名は、赤茶色の岩肌を流れる白い滝が老女の白髪に見えたからそう付けられたのでしょうか。有名な草津温泉から5kmほどの場所にありながら、なぜか地元民にもあまり知られていないこのスポット。滝から少し離れた駐車場から遊歩道が延び、徒歩で山中に分け入ります。「クマ出没注意」の立て札にどきりとしながら、急な道を下ること約1km、堂々たる滝の滝壺の前にたどり着きます。見上げる落差は25m。水に含まれる鉄分によって赤茶色に変色した岩の上を、すだれのように水が流れ落ちています。どこか妖艶さを漂わせた女性らしい滝。緑に囲まれる時期に訪れたなら、その瑞々しさを「老女」と形容するのに抵抗を感じてしまうかもしれません。

旅のヒント 滝へ向かう道は険しく、想像以上に大変です。軽装で訪れるのはやめましょう。往路は下り坂、復路は上り坂となり、復路のほうが時間がかかります。滝壺の近くは季節によっては流れが急なので、岩の上は滑りやすく危険です。滝から少し先には、「森の巨人たち百選」に認定された樹齢300年を超えるカツラの巨木があります。

群馬県

真朱色(しんしゅいろ)

黒がかった濃い赤色。硫化水銀鉱物などの天然顔料から作られ、混じり気のない自然の朱の意で「真朱(まそほ)」とも呼ばれる。

滝は草津の温泉地近くを水源とする小雨川にあり、鉄分だけでなく温泉成分も多く含んでいる

★所在地／群馬県吾妻郡草津町
★アクセス／関越自動車道渋川伊香保ICから西へ約70km、約1時間45分。滝の観光客専用駐車場から滝までは、徒歩約30分
★問い合わせ先／草津温泉観光協会
★TEL (0279)88-0800
★URL www.kusatsu-onsen.ne.jp

紅色〈べにいろ〉

冠雪した富士山を遠望する赤いコキアが広がる公園

　富士山がうっすらと雪を頂いたころ、河口湖の北岸にある大石公園は、赤く色づいたコキアで一面を染められます。見頃は10月半ばから下旬にかけて。公園の東、中央、西の3つのエリアに、あわせて2600株ほどのコキアが群生しています。大石公園は富士山と河口湖をバックに、春のチューリップや菜の花、夏のラベンダーなど季節の花が楽しめるスポット。そして一年のハイライトが秋のコキアです。コキアはホウキギまたはホウキグサとも呼ばれ、日本人にとってはこちらの方が親しみを感じられるでしょう。乾燥した茎を箒にすることから名付けられたこの植物は観賞用と食用があり、食用の実は、秋田名物の「とんぶり」の原料です。観賞用の場合はコキアと呼ばれるのが一般的とのこと。呼び名が変わると印象は大きく変わり、富士山を背景としたコキアはずいぶんとおしゃれにも見えてきます。

旅のヒント　大石公園は、春はチューリップや菜の花、初夏はラベンダーでも知られます。園内には広い無料駐車場があり、休憩場所としても人気。子ども向けの簡単な遊び場もあります。ブルーベリーをテーマにした商品などをそろえた河口湖自然生活館も必見です。1階にはカフェ、2階にはレストランがあり軽食が楽しめるほか、新鮮な野菜が並ぶ農産物直売所も設けられています。

★所在地／山梨県南都留郡富士河口湖町大石
★アクセス／富士急行線河口湖駅から富士五湖周遊バス（レッドライン）で約30分
★問い合わせ先／河口湖自然生活館
★TEL（0555）76-8230
★URL www.fkchannel.jp

河口湖に朝霧が立ち上る早朝の富士山と美しく色づいたコキア。秋が進み富士の嶺が白くなるにつれてコキアも色を失っていく

河口湖畔のコキア

● かわぐちこはんのこきあ

紅色（べにいろ）

紅花で染めた鮮やかな紅色。マゼンダとも。朱は硫化水銀鉱物などの赤土で染めたもの。赤は茜で染め、濃いものは緋色と表現される。

山梨県

銀朱色 〈ぎんしゅいろ〉

湖底の熱泥にエネルギーが貯まって爆発することがないように
定期的に池は撹拌されている

110

血の池地獄

ちのいけじごく

池一面が真っ赤に染まる
日本最古の天然地獄

　なんというおどろおどろしい名前でしょう。奈良時代に編纂された『豊後風土記』や『万葉集』に「赤湯泉」の名で登場し、日本最古の天然地獄とされます。

　赤い色の正体は、地下の高温高圧下で化学反応を起こし生じた酸化鉄や酸化マグネシウム。これが熱泥と混じり、池を赤く染めています。1920年、この地を訪れた俳人、高浜虚子により「自ら早紅葉したる池畔かな」と詠まれた句碑があります。現在は穏やかに見える池ですが、かつて何度も大爆発を起こし、噴出した熱泥が周囲に被害を与えました。その恐ろしさもあり、いつしか「地獄」の呼び名が付いたのでしょうか。水面をはうように覆う湯気の切れ間からのぞく赤池を、恐ろしい地獄と見るか、それとも高名な俳人のように美しいと感じるかは、訪れる人の心持ち次第なのかもしれません。

旅のヒント　共通入場券を利用し、「血の池」とともに、「海」「鬼石坊主」など7カ所の地獄を2～3時間で巡る「別府地獄めぐり」がおすすめ。JR別府駅、由布院駅より定期観光バスが出ています。血の池の泥は昔から皮膚病薬や染色に使われ、赤鬼のパッケージがユニークな「血ノ池軟膏」は、定番のお土産。源泉を引いた足湯があり、入場者は無料で利用できます。

銀朱色（ぎんしゅいろ）

黄味の強い朱色。「天然色」である真朱の顔料（硫化水銀鉱物など）に、水銀と硫黄を混ぜて作った硫化水銀からなる「人工色」。

ここのほかに「海地獄」「白池地獄」「龍巻地獄」などの7カ所の地獄（温泉）があり、それらを巡る「地獄めぐり」は別府温泉の定番コース

★所在地／大分県別府市野田
★アクセス／JR日豊本線亀川駅下車。駅から亀の井バスで約15分、血の池地獄前停留所下車。大分自動車道別府ICから北東へ約3km
★問い合わせ先／別府 血の池地獄
★TEL (0120)459-554
★URL chinoike.com

蔦沼
つたぬま

青森県 ★

赤紅色
あかべにいろ

鮮やかな紅赤色。江戸初期に赤紅の鹿の子染めが流行し、マメ科の蘇芳(すおう)という植物を用いた代用紅染が行われた。

赤紅色〈あかべにいろ〉

例年紅葉の見ごろは10月の下旬。
近年の温暖化で紅葉のピークシーズンがだんだん遅くなっているので、
訪れる前に確認をしておきたい

鏡のような水面とブナの原生林が織りなす紅葉の絶景

　青森県有数の見どころである十和田湖と奥入瀬渓流。そこからあまり遠くない場所に、観光地の喧噪を忘れさせるような一軒宿の秘湯、蔦温泉があります。周囲に蔦七沼という沼が点在し、静けさに包まれた自然豊かな環境が、訪れる人々に愛されています。蔦沼は7つある沼の中で一番大きく、周囲は約1km。水際に沿って散策してみると、光の加減によって水の色が緑や青に変化します。そして普段は静寂に包まれたこの沼が、最も賑わいを見せるのが秋。ブナの葉が色づき、陸地と湖面が赤や黄色に染まるころです。この季節にここを訪れたなら、よく晴れた朝、ちょっと寒いですが朝日が昇る前に沼を訪れてみましょう。鮮やかに色づいた森に朝日が当たり、刻一刻と光と影が変化する様子は名画を見ているような素晴らしさです。

旅のヒント　蔦沼、鏡沼、月沼、長沼、菅沼、瓢箪沼、赤沼と7つある蔦七沼のうち、赤沼を除く6つが約3kmの遊歩道で結ばれています。ブナの原生林の中、バードウォッチングをしながら約1時間30分の散策が楽しめます。紅葉の時期には、朝日に映える蔦沼をカメラにおさめようと、三脚を携えた人々が夜明け前から集まります。

★所在地／青森県十和田市奥瀬
★アクセス／JR青森駅からJRバスで約1時間40分、蔦温泉停留所下車、徒歩約15分(バスは4〜9月のみ運行)。東北自動車道黒石ICから約1時間15分
★問い合わせ先／十和田奥入瀬観光機構
★TEL (0176)24-3006
★URL www.towada.travel

深紅色〔しんくいろ〕

社殿の回廊を照らす燈籠は
ひとつひとつ異なった装飾が施されている

万燈籠

まんとうろう

3000基の燈籠に灯りが揺れる
幻想的な王朝絵巻

　創建は今から約1300年前。春日大社の参拝者を迎えてくれるのは、神の使者である奈良公園の鹿と参道の両側の石燈籠です。初めて訪れると、整然と立ち並ぶ燈籠の窓から何かにじっと見つめられているようで、背筋が伸びるのを感じます。回廊にずらりと並ぶ釣燈籠にも圧倒されます。表面を覆う緑青が年代を感じさせるもの、笠や窓に凝った装飾を施したものなど様々。これらは創建から今日まで、春日大社を氏神とする藤原氏や、一般の信者から奉納されたもので、その数は3000基にもなります。年2回、この燈籠のすべてに火が入れられるのが万燈籠です。昼間はあでやかな朱塗りの回廊が、燈籠の灯りに照らされ幻想的に浮かび上がる様子は、まるで王朝絵巻さながら。遠い昔にタイムスリップしたように、時間を忘れ見入ってしまうことでしょう。

 万燈籠は2月の節分と8月14・15日の年2回。燈籠に火を入れる前には舞楽や神楽の奉納があります。境内にある萬葉植物園には万葉集に詠まれた約300種の植物が、なるべく手を入れず自然の姿を生かして植栽されています。春日大社の社紋である藤は20品種約200本が例年大型連休のころに満開を迎えます。

深紅色
しんくいろ

深く、濃い紅色。
平安以降、身分の高い者だけが着用を許された禁色のひとつ。
高価な紅花のみで染めた意で「真紅」とも表された。

奈良県

現在、すべての燈籠に火が入れられるのは年2回だが、かつては雨ごいの祈祷などの際にたくさんの灯籠に火が入れられていた

★所在地／奈良県奈良市春日野町
★アクセス／JR大和路線奈良駅または近鉄奈良線奈良駅から奈良交通バスで約11〜15分、春日大社本殿停留所下車。第二阪奈有料道路宝来ICから東へ約8km
★問い合わせ先／春日大社
★TEL（0742）22-7788
★URL www.kasugataisha.or.jp

115

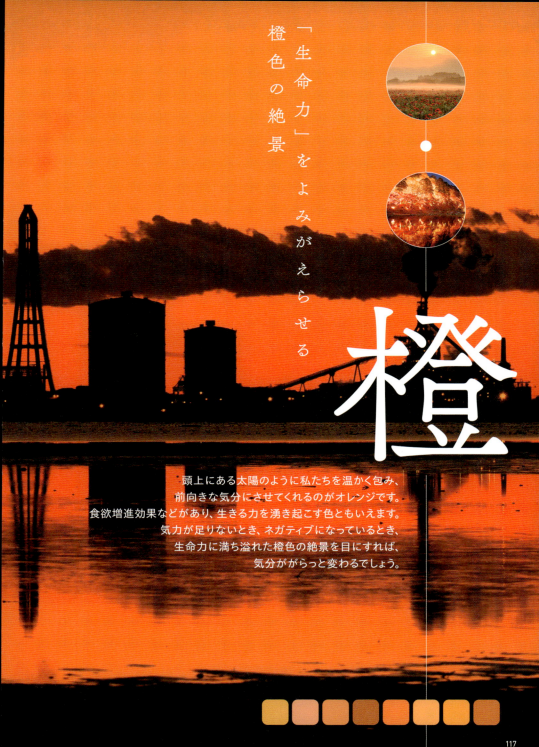

橙

「生命力」をよみがえらせる橙色の絶景

頭上にある太陽のように私たちを温かく包み、
前向きな気分にさせてくれるのがオレンジです。
食欲増進効果などがあり、生きる力を湧き起こす色ともいえます。
気力が足りないとき、ネガティブになっているとき、
生命力に満ち溢れた橙色の絶景を目にすれば、
気分ががらっと変わるでしょう。

雄黄色
〈ゆうおういろ〉

父母ヶ浜 ●ちちぶがはま

香川県

風がなく日没と干潮の時間が重なる時がベストタイミング。
季節によって異なるので、
いい写真が撮りたい人は事前にしっかり情報を入手する必要がある

雄黄色 〈ゆうおういろ〉

アプリがなくてもアイディア次第でユニークで映える写真が撮れる。もちろん写真を撮らなくても瀬戸内海に沈む夕景はすばらしく、目に焼き付けたい

雄黄色（ゆうおういろ）

鮮やかな黄。この色の顔料のもととなった鉱物は硫化砒素（ひそ）を主成分とする石黄、別名である雄黄が名前の由来。

埋め立てられるはずの海岸が
奇跡の絶景として再生

　父母ヶ浜では、干潮時の夕暮れ、鏡面のような潮だまりを前に絶景が撮影できます。その写真は、南米ボリビアのウユニ塩湖の景色と似ていることから話題となり、2017年頃から大勢の観光客がやってくるようになりました。今や世界的に知られるこの観光スポットですが、実は一時期、消滅の危機に。遠浅の父母ヶ浜は、風光明媚な浜として地元から愛されていましたが、浜には瀬戸内海のゴミが漂着して溜まり、1994年には大規模な海岸の埋め立て構想が提案されました。このとき、地元の人々がささやかな抵抗として始めたのが海岸の清掃。ゴミ拾いは毎日続けられ、海岸は以前の姿を取り戻していきます。埋め立て計画も中止となりました。父母ヶ浜は人々の強い思いによって、今の姿を取り戻したのです。当初、7人で始められた海岸清掃は、現在200人以上の参加者により続けられています。

旅のヒント　絶景写真が撮影できるのは、干潮時の夕暮れ、風がない日など、時間帯や自然条件は限られます。風については運次第としかいえないものの、潮の干満については事前にわかります。父母ヶ浜がある三豊市のホームページには、干潮時間が記された見頃カレンダーが掲載されています。また、撮影指導がついた「絶景フォト撮影プラン」ツアーも用意されています。

遠浅で波の穏やかなビーチは、
夏の間は人気の海水浴場。
絶景スポットとして知られる前から
多くの人が訪れていた

★所在地／香川県三豊市仁尾町仁尾乙203-3
★アクセス／JR高松駅から予讃線で約1時間、詫間駅下車。
三豊市コミュニティバス仁尾線で約20分、
父母ヶ浜停留所下車（月〜土曜日）。詫間駅からタクシーで約20分
★問い合わせ先／三豊市観光交流局
★TEL（0875）56-5880
★URL www.mitoyo-kanko.com

赤香色 〈あかこういろ〉

悠然とした筑波山の姿と色とりどりのポピーの花畑

　小貝川の河川敷に広がる公園は、大きく「自然観察ゾーン」「スポーツゾーン」「ネイチャーゾーン」と「フラワーゾーン」の4つに分かれています。5月、フラワーゾーンの約3.2万㎡の花畑はおよそ200万本のポピーで色鮮やかに染められます。赤やピンクなどのかわいらしい花を見せるポピーの広大な絨毯の向こうには、筑波山のどっしりとした山並みが横たわっています。ポピーの見頃は5月中旬から下旬。最盛期となる5月下旬には「小貝川フラワーフェスティバル」が開催されます。地元の特産品が販売されたり、ステージではイベントが催されたりと、にぎやかなお祭りが繰り広げられます。四季を通じて、様々な花々で彩られるフラワーゾーン。10月半ばには、コスモスが咲き誇り、花畑はがらりと変わった雰囲気の装いで、人々の目を楽しませてくれます。

旅のヒント　「自然観察ゾーン」には日本の国蝶が舞う「オオムラサキの森」をはじめ、小貝川に生息する魚や生き物が観察できる「ミニミニ水族館」などがあり、「スポーツゾーン」には、サッカー場1面、ソフトボール球場4面や子どもも大人も遊べるスポーツ施設があります。自然林の中で、大人数でも楽しめるバーベキューエリアも人気を集めています。

★所在地／茨城県下妻市堀篭1650-1
★アクセス／関東鉄道常総線下妻駅から関東鉄道バスで約10分、イオンモール下妻入口停留所下車、徒歩約10分
★問い合わせ先／小貝川ふれあい公園ネイチャーセンター
★TEL（0296）45-0200
★URL www.ibarakiguide.jp/spot.php

筑波山から昇る朝日に照らされた、朝霧にかすむポピーの花畑

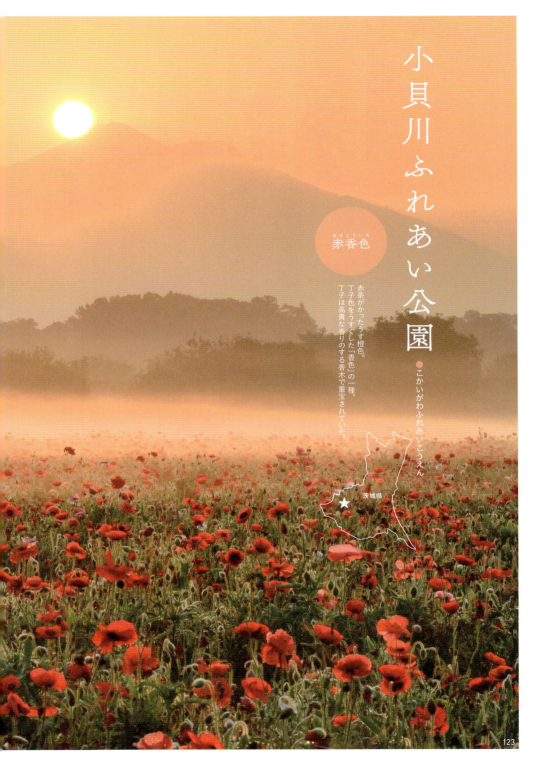

小貝川ふれあい公園

赤香色
あかこういろ

赤茶がかったうす橙色。丁子色をうすくした「香色」の一種。丁子は高貴な香りのする香木で重宝されていた。

こかいがわふれあいこうえん

茨城県

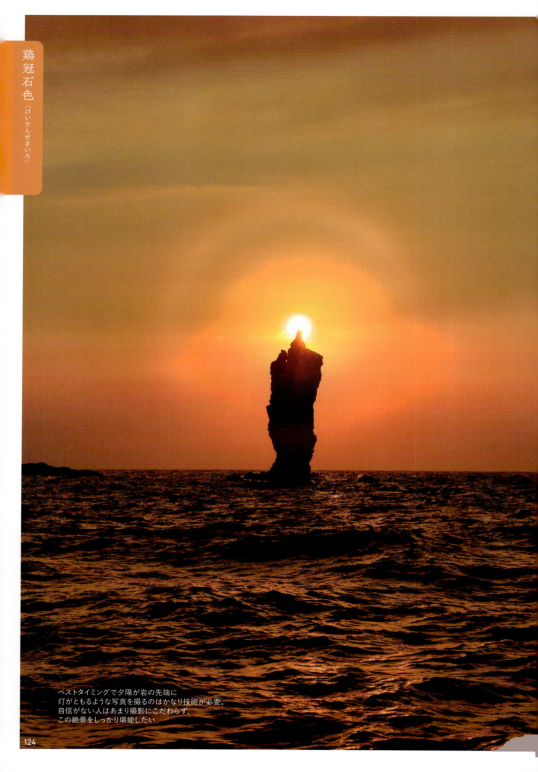

鶏冠石色（けいかんせきいろ）

ベストタイミングで夕陽が岩の先端に
灯がともるような写真を撮るのはかなり技術が必要。
自信がない人はあまり撮影にこだわらず、
この絶景をしっかり堪能したい

ローソク島の夕陽

ろーそくじまのゆうひ

鶏冠石色 (けいかんせきいろ)

明るい橙色。石黄、雄黄の別名、「鶏冠石」が由来。硫化砒素(ひそ)の含有量により雄黄より赤みが濃く、鮮やか。

島根県

海にそそり立つ岩礁に夕陽の光が赤々と灯る瞬間

　日本海に突き出た高さ約20mの岩は、ローソクのような形をしています。夕暮れ、その先に明かりを灯すように沈みゆく夕陽がぴたりと重なる眺めは、隠岐諸島を代表する絶景として日本のみならず世界にも知られるようになりました。ローソク島と呼ばれるこの奇岩は、隠岐諸島で最も大きな島後島の北西およそ500mの沖合いに立っています。無人島のこの岩礁は、500万年前、マグマが冷え固まった岩石。大山隠岐国立公園の一部となっています。ローソク島の夕陽は船を予約して見学します。船が出るのはだいたい4月から10月で、きれいな夕陽の絶景が見られるのは、空気が澄む9月、10月といわれます。ローソク岩に近づくと船長が船を絶妙に操縦し、ベストポジションを確保。夕陽が沈んでいくわずかな時間、絶景の撮影がうまくいくかどうかはカメラマンの腕次第です。

旅のヒント　ローソク島の遊覧は約1時間。その間、ローソク島以外にも多彩な自然風景が楽しめます。島後島には明治や昭和に造られたトンネルが見えます。鉄砲岩、馬背岩などの奇岩も印象的です。また海も想像以上に澄んでいて、色合いが少しずつ変化していきます。なお、島後島の展望台からも、夕陽が重なる景色は見られませんが、ローソク島を眺めることができます。

ローソク島を見るだけなら船に乗らなくても、ローソク島展望台、ローソク島展望デッキの2ヵ所から眺めることができる

★所在地／島根県隠岐の島町代
★アクセス／西郷港から遊覧船乗り場がある福浦岸壁までタクシーで約35分
★問い合わせ先／隠岐の島町観光協会
★TEL (08512)2-0787
★URL www.e-oki.net

125

飴色〈あめいろ〉

大都会の夜景に浮かび上がる縦横無尽の光の流れ

　高速道路のジャンクションは、大きく複雑な構造のため人気があります。その全体像を実際に見ることはなかなかできませんが、東大阪市役所展望ロビーはジャンクションの全景が眺められる貴重なスポットです。22階建ての市庁舎の最上階、地上約100mにある展望台の眼下に見えるのは、東大阪ジャンクション。大阪市内へ向かう車、奈良方面へ向かう車などが行き交う高速道路は、夜、ヘッドライトとテールライトの光の帯が続き、都会の夜を流れる川のような眺めを見せてくれます。大河を思わせる直線の道路の周辺には、大きく、または小さくカーブを描く光の流れもあります。その折り重なるように入り組んだ構造は見飽きるこ

とがありません。展望ロビーが開放されているのは9時から23時までで、入場は無料。これほどの絶景がタダで楽しめる、まさに穴場スポットといえるでしょう。

旅のヒント 東大阪市役所展望ロビーからの撮影は、近隣住民のプライバシーに配慮し、南側から東大阪ジャンクション方面のみに制限されています。ここからの夜景は「日本夜景遺産」にも認定されていますが、昼間の眺めも絶景。天気が良ければ生駒山が眺めますし、淡路島が見えることもあります。周辺の見どころを細かく解説したパンフレットも用意されています。

★**所在地**／大阪府東大阪市荒本北
★**アクセス**／近鉄けいはんな線荒本駅下車、徒歩約5分
★**問い合わせ先**／東大阪市企画財政部資産経営室 管理課
★**TEL** (06) 4300-3125
★**URL** www.city.higashiosaka.lg.jp

光が流れるような写真が撮りたい場合はシャッタースピードを遅くする必要がある。またカメラがぶれないように固定するのも忘れずに

東大阪ジャンクション

ひがしおおさかじゃんくしょん

飴色
あめいろ

半透明の明るめの薄茶色。昔、水飴は精製が不十分な麦芽原料から作られたため薄い飴色であったことから名付けられた。

大阪府

黄丹色〈おうにいろ〉

香嵐渓 こうらんけい

愛知県

黄丹色（おうにいろ）

クチナシに紅花を上掛けした赤みのある橙色。古来皇太子の地位を表す「太陽の色」とされ、禁色のひとつであった。

巴川の川面に映るライトアップされたオレンジの光が
幻想的な雰囲気を作り出す

夜になると景色が一変　妖しい美しさを堪能する

　今では当たり前のように思える自然景観のライトアップですが、盛んになってきたのは1990年代から。まだ30年ほどの歴史しかありません。でも京都の五山送り火や秋田の竿灯まつりなどの伝統行事だけでなく、精霊流しや薪能など、日本人は「光」に対して独特の感性と文化を持っていました。ライトアップされた、いわば人工的に作り出された紅葉を違和感なく美しいと感じるのは、そのせいかもしれません。行燈のように、山全体が淡く光を放ち、それが川面に映る姿が見られる、香嵐渓のライトアップ。東海地方随一の紅葉の名所として知られるこの場所、昼と夜ではまったく違う世界が作り出されています。煌びやかな昼の紅葉

に対して、夜になると幻想的で妖しい光景が目の前に広がります。昼と夜、両方の紅葉を眺めて美しさの違いを確かめてみましょう。

🧳 **旅のヒント**　ライトアップされる期間は紅葉が始まる11月の初旬から約1ヵ月。ピークシーズンは11月の下旬ですが、この頃はかなり混雑します。昼間の紅葉はやはりピーク中が一番見ごろですが、夜見るならピーク前でも大丈夫。混雑する前に見学するのも一考です。

★**所在地**／愛知県豊田市足助町飯盛
★**アクセス**／名鉄三河線豊田市駅下車。駅から名鉄バスで約40分、香嵐渓停留所下車。東海環状自動車道の豊田勘八ICから北東へ約13km、約25分
★**問い合わせ先**／豊田市足助観光協会
★**TEL**（0565）62-1272
★**URL** asuke.info

紅鬱金色〈べにうこんいろ〉

江川海岸のすぐ北側に位置する久津間海岸には
「海中電柱」が残っているので、
海面に並ぶ電柱の風景が見たいなら訪れてみよう

江川海岸

● えがわかいがん

東京湾に残る昔懐かしき夕焼け風景を探して

　千葉県で2番目に長い小櫃川の河口に広がる東京湾で最大級の干潟にある江川海岸。かつてこの海岸を象徴していた海に連なる「海中電柱」の風景は、2019年に電柱が撤去されたために見ることができなくなりましたが、静かな夕焼けの風景は昔と変わっていません。特に、干潮になる前1、2時間に発生する水鏡の景色は「千葉のウユニ塩湖」とも呼ばれ、SNSを中心に注目を集めています。水鏡が夕焼けに染められる眺めは、なぜか昭和の時代のような遠く懐かしい情緒を感じさせます。3月頃、天候に恵まれれば、富士山を遠望しながらの夕暮れをゆっくりと味わうことができます。その一方で、あたりを振り返ると工場が建ち並んでいるのもこの海岸ならではの風景。日が暮れていくのと同時に、工場群には明かりが灯り始め、いわゆる「工場夜景」の世界が広がっていきます。

紅鬱金色（べにうこんいろ）

鬱金（うこん）の根で染められた赤みがかった鮮やかな黄色で、江戸時代前期に流行した。英名はターメリック。

 旅のヒント　江川海岸は潮干狩りのスポットとしても知られています。春から夏にかけてのシーズンには毎年4、5万人が訪れるといわれています。潮干狩りについてのアドバイスや潮見表などは、新木更津市漁業協同組合岩根支所（旧江川漁業協同組合）のホームページに掲載されていて参考になります。江川海苔についての解説などもあり、特産品を知ることができます。

ここから見える工場夜景は君津の火力発電所や製鉄所。日本一のコンビナートの一角だ

★所在地／千葉県木更津市江川576-6
★アクセス／JR内房線岩根駅下車。タクシーで約6分。木更津金田ICから南西へ約5km
★問い合わせ先／新木更津市漁業協同組合 江川支所
★TEL（0438）41-2234
★URL egawa-gyokyou.or.jp

131

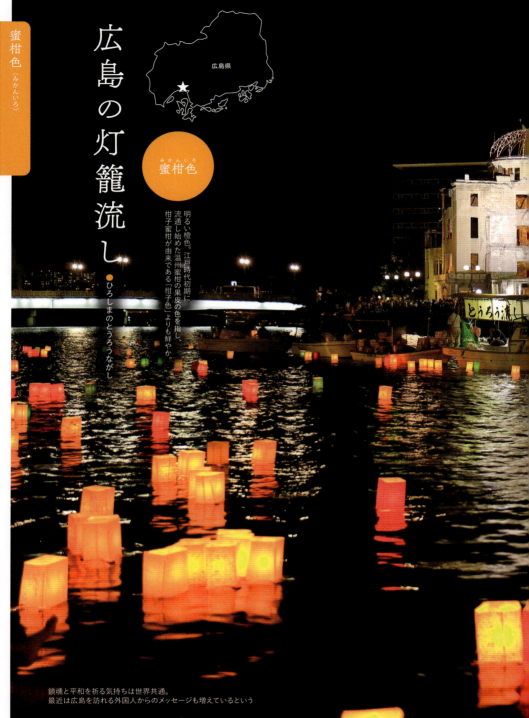

蜜柑色〈みかんいろ〉

広島の灯籠流し

● ひろしまのとうろうながし

蜜柑色(みかんいろ)

明るい橙色。江戸時代初期に流通し始めた温州蜜柑の果皮の色を指し、柑子蜜柑が由来である「柑子色」よりも鮮やか。

広島県

鎮魂と平和を祈る気持ちは世界共通。
最近は広島を訪れる外国人からのメッセージも増えているという

8月6日への祈りを込めた
川面に流れる鎮魂の灯り

　広島市の中心部を流れる元安川の川面を、黄色や橙色の灯りを纏った灯籠が漂い、一面を埋め尽くします。8月6日、広島の恒例行事となったこの灯籠流しは、始まりが定かではありません。もともと広島には、お盆に色とりどりの灯籠を飾る「盆灯籠」の風習があり、それが日本各地で見られる精霊流しと合わさったと考えられていて、1961年頃からはすでに定着していたようです。灯籠流しが行われるメインの会場は、元安橋のたもとの川岸。早朝から受付が始まり、午後6時頃から灯籠流しが始まります。参加する人々は数えきれないほどで、川沿いには長い行列が作られます。流される灯籠の数は年々増え続け、現在ではほかの6つの川も含め、1万基以上が川面をゆったりと流れていきます。元安川会場の対岸には原爆ドームがライトアップされ、灯籠流しの様子を見守っています。

旅のヒント 戦後70年の2015年からは、「オンラインとうろう流し」が始まっています。スマホを使い、燈籠の色を選びプロフィールを入力、自分でできる平和へのアクションを選択し灯籠への想いを書き、画面をスワイプして灯籠を流します。その灯籠は広島の街のデジタルサイネージへ投影されます。2024年は日本や世界から1万6000以上の灯籠が流されました。

★**所在地**／広島市中区大手町1 平和記念公園周辺
★**アクセス**／JR広島駅から広島バスで約15分、平和記念公園停留所下車
★**問い合わせ先**／とうろう流し実行委員会
★**TEL** (082)245-1448
★**URL** www.chushinren.jp

柿色
〈かきいろ〉

大海原から昇る朝日をバックに
美しいシルエットとなる鳥居。
その神々しさに自然と手を合わせたくなる

大洗磯前神社

おおあらいいそさきじんじゃ

柿色（かきいろ）

その名の通り、柿の果実のような濃い橙色。柿を由来とした色は他に「照柿色」や柿渋で染められた「柿渋色」がある。

茨城県

ご来光とともに神が降り立つその瞬間に立ち会う

　地元の人たちから「大洗さま」と親しまれる大洗磯前神社。ここには3つの鳥居があります。まず、参道入り口の「一の鳥居」、海に向かって立つ「二の鳥居」、そして太平洋の波に洗われる岩場に立つ「神磯の鳥居」。神磯とは大御降臨の地をいい、大国主命（おおくにぬしのみこと）とともに国造りをした、少彦名命（すくなひこなのみこと）と大己貴命（おおなむちのみこと）がここに降り立ったと伝えられています。毎年、元旦に執り行われるのが、宮司以下神職が神磯に立ち並び、太平洋に昇る朝日に向かって拝礼する初日の出奉拝式。凍てつく空気の中、水平線が少しずつ色を帯び、太陽が顔をのぞかせた瞬間、鳥居が光の輪に包まれます。それはそれは神々しい光景に、今まさに目の前に神様が降り立ったような感動を覚え、瞬きをするのも忘れて見入ってしまいます。心が洗われるとは、こういうことをいうのかもしれません。

旅のヒント　鳥居の上に昇る朝日が見えるベストシーズンは12〜1月。朝靄がかかりやすい夏は、はっきり見えません。海岸線が真東を向いている大洗海岸は、大洗サンビーチ、鹿島灘海浜公園などのご来光の鑑賞スポットに事欠きません。見どころとしてはアクアワールド・大洗、大洗リゾートアウトレットなど。冬はアンコウ料理も楽しみ。

日の出の直後、空にまだ夜の暗さが残る時間帯も心が洗われるような美しさ

★所在地／茨城県東茨城郡大洗町
★アクセス／鹿島臨海鉄道大洗鹿島線大洗駅下車。駅から大洗町循環バスで約15分、大洗磯前神社下停留所下車。北関東自動車道水戸大洗ICから南西へ約7km、約15分
★問い合わせ先／大洗磯前神社
★TEL (029)267-2637
★URL oarai-isosakijinja.net

135

黄

黄色の絶景は、現状を打破する「刺激」に

交感神経・副交感神経を刺激するイエローは
停滞気味な現状を打破するには最適な「刺激」の色。
何かに行き詰まってしまったときに
黄色の絶景を目にすれば、
思いもよらなかったひらめきを
得ることができるかもしれません。

山吹色〈やまぶきいろ〉

三ノ倉高原の
ひまわり畑

さんのくらこうげんのひまわりばたけ

福島県

会津盆地に広がる雲海とひまわり畑。
夏の間ひまわりで埋め尽くされる斜面は、
春は菜の花の黄色い絨毯となる

山吹色
〈やまぶきいろ〉

天の川とひまわりの共演。
市街地から離れているため、星空を眺めるにも絶好のスポット

山吹色

山吹の花のような赤みがかった黄色。オレンジと黄の中間色で、江戸時代には大判や小判の「黄金色」も山吹色と呼ばれた。

東北の夏を静かに熱狂させる
250万本のひまわりの黄色

　山肌一面を染め上げる黄色いひまわりの花々は、短い東北の夏を爆発させるかのような力強さに満ちあふれています。広さはおよそ8ha、ぎっしりと咲き誇る約250万本のひまわりは東北最大級の規模を誇ります。会場は三ノ倉スキー場。「日本一好いてるスキー場」がキャッチフレーズですが、夏は大勢の観光客でにぎわいます。ひまわり畑を巡る拠点となるのは山小屋くららでしょう。レストランや物産販売所となっている建物の西や南には、広大なひまわり畑が広がっています。最も標高が高い664mの地点からは、黄色の絨毯を見渡せます。畑の中を散策することが可能ですが、ゲレンデを利用した花畑なので、もちろん傾斜があります。足元は土なので、スニーカーなどの歩きやすい靴が必須となります。熱中症対策も万全にして、東北の短い夏が凝縮されたイベントを満喫しましょう。

旅のヒント 8月には「ひまわりフェスタ」が開催され、「フィルムステンドアート体験」やコンサートなど、様々なイベントが催されます。「ウォークラリー」では、ひまわり畑に設置されたチェックポイントを探してクイズに解答、特産物などがプレゼントされます。山小屋くららでも、多彩なメニューが味わえるほか、地場産品やひまわり関連グッズの販売が行われます。

例年8月に行われる「ひまわりフェスタ」では、
花摘みができたり、
山小屋くららで特別メニューが出されたり、
イベントやコンサートが行われたりと、
花を愛でるだけではなく、様々なお楽しみがある

★所在地／福島県喜多方市熱塩加納町相田字北権現森甲857-6
★アクセス／JR喜多方駅からタクシーで約25分。
東北横断自動車道会津若松ICから北へ約40km
★問い合わせ先／喜多方市熱塩加納総合支所 産業建設課
★TEL (0241)36-2115
★URL www.city.kitakata.fukushima.jp

菜の花色〈なのはないろ〉

横浜町の菜の花畑 ● よこはままちのなのはなばたけ

青森県

菜の花色（なのはないろ）

菜の花のような明るい黄で、菜種油の色を指す「菜種油色」と区別するために「菜種色」ではなく「菜の花色」と呼ばれる。

目で花を愛でるだけでなく、舌で地元のグルメを楽しみたい。
陸奥湾はホタテの養殖が盛んで、横浜町の特産品にもなっている

日本最大規模の広さを誇る
菜の花畑で迷路に迷う

　まさかりのような形をしている青森県の下北半島。その柄の部分は幅が東西10〜15km、長さは南北約50kmで、横浜町は柄の真ん中に位置しています。陸奥湾に沿って続く国道279号線は「はまなす街道」とも呼ばれ、5月の終わり、この街道沿いは菜の花で黄色く染められます。前年の夏にまかれた種は、厳しい下北の冬を乗り越えて、春に一斉に咲き誇るのです。横浜町の菜の花畑は、日本最大規模の作付け面積で知られています。菜の花畑は農家の私有地なので入ることはできませんが、毎年開催される「菜の花フェスティバルinよこはま」で作られる「菜の花大迷路」は歩くことができます。1.6mほどの高さに成長した菜の花の間の小道の散策は、数々のフォトスポットもあり大人気。陸奥湾や下北半島の山並み、風力発電用の巨大な風車などが、黄色い花の向こうに見渡せます。

菜の
ヒント
　「菜の花フェスティバルinよこはま」は、毎年開催時期や場所が異なるので確認が必要。マラソン大会やステージショーなどのイベントも行われます。土産物店では、菜の花の菜種油をはじめ、新芽や茎などを使った菜の花グルメが販売され、菜の花シュークリーム、菜の花はちみつ、菜の花ソフトクリーム、菜の花ドーナツなども楽しめます。

★所在地／青森県上北郡横浜町大豆田
★アクセス／JR陸奥横浜駅からタクシーで約15分、八戸ICから北へ約96km
★問い合わせ先／横浜町役場 産業振興課
★TEL (0175)78-2111
★URL www.town.yokohama.lg.jp

花葉色
〈はなばいろ〉

ここで一番高い場所は「馬の背」といわれる高さ47m砂丘。
砂丘とリフトで結ばれている「砂丘センター見晴らしの丘」からも砂丘が一望できるが、
360度砂に囲まれた「馬の背」が一番の絶景スポット

鳥取砂丘

とっとりさきゅう

砂の丘に風が創出する
儚くも美しい芸術を観に行く

　起伏のある砂の丘に、複雑に刻まれた風紋。それがひたすら空まで続く光景に、ここが日本であることを忘れてしまいます。丘を上れば目の前には碧い日本海。川や波により運ばれた砂が、3万年以上の時をかけて形成した鳥取砂丘。東西16kmに渡り続く日本最大級の砂丘では、乾燥した砂漠と違い、水の影響を受けた独特の景観が見られます。その姿は気象条件により変わるため、二度と同じものを見ることはかなわない、一瞬の芸術といえるでしょう。ここに砂像を展示する「砂の美術館」が開設され、人の手による新しい造形美が加わったのは2006年のことでした。毎年展示テーマが変わるため、会期が終われば砂像は壊され、もとの砂に戻されます。儚くも美しい造形美に情熱を注ぐアーティストたち。その潔さに拍手を送りたくなります。

旅のヒント　きれいな風紋が見られる確率が高いのは、来訪者の足跡がつく前の早朝。夏は暑いので、過ごしやすい春か秋がおすすめ。らくだの背に揺られる「遊覧らくだ」のほか、サンドボード、パラグライダーなどのスポーツを楽しむこともできます。エリア内を巡回するレンジャーに声をかければ、おすすめ散策コースの紹介や写真撮影もしてくれます。

鳥取県

花葉色（はないろ）

淡めの黄色。「花葉」は菜の花の花井のことで、菜の花色などとともに春の色として親しまれてきている。

美しい風紋が見られるのは馬の背の周辺。
早朝がいいのは人の足跡がないことに加え、
斜めに差す光により風紋の陰ができるため

★所在地／鳥取県鳥取市福部町湯山
★アクセス／JR山陰本線鳥取駅から鳥取砂丘バス鳥取砂丘線で約20分、砂丘会館(鳥取砂丘)停留所下車。
土日祝日のみ運行の「ループ麒麟獅子」バスで約30分
★問い合わせ先／鳥取市観光コンベンション協会
★TEL（0857）26-0756
★URL www.torican.jp

鼈甲色〈べっこういろ〉

その年の天候にもよるが、
銀杏が色づき始めるのは11月上旬。
園内の日本庭園にも多くの広葉樹があり、こちらも紅葉スポットとして人気

昭和記念公園の銀杏並木

しょうわきねんこうえんのいちょうなみき

鼈甲色 (べっこういろ)

ウミガメの一種「タイマイ」の甲羅を加工した「鼈甲」が由来の色。赤みがかった艶やかな印象の黄色。

東京都

広大な公園の中に見つける黄色に彩られた秋満開の風景

　米軍立川飛行場跡に設立された国営昭和記念公園は、面積165ha以上の広さがあります。四季折々、季節の花々や木々が目を楽しませてくれる園内で、秋の風景を演出するのは「かたらいの銀杏並木」です。公園の西、昭島口に近い場所にある南北約300mの並木道は、道の左右にあわせて106本の銀杏が枝をダイナミックに広げていて、最盛期には黄色いトンネルを作り出します。その風景は、どこか異国の地にも思えてきます。この並木には、米軍基地時代からある樹木も残されているとのこと。立川口近くの「カナール」も見どころ。水路に並行に約200m続く約300本の銀杏が作る対照的な並木は四角く刈り込まれユニークです。これは自衛隊の滑走路が近くにあり、航空制限で木の高さが規定されているため。並木の高さは7mに統一されています。

 銀杏は「こどもの森」などのエリアでも見られます。園内で観ることができる植物は800種類以上、紅葉が特徴的な植物は174種類あるとされます。植物好きの方は、園内で販売されている植物ガイドブック「花ごよみ」を購入しましょう。広い園内は1日でも時間が足りないほどなので、効率よく巡りたい場合は園内で自転車を借りるのがおすすめです。

ライトアップされた銀杏が水路に映る様子もなかなか見ごたえがある

★所在地／東京都立川市緑町
★アクセス／JR立川駅下車。徒歩約10分。公園中央部の西立川ゲートへはJR西立川駅から徒歩約2分
★問い合わせ先／昭和記念公園管理センター
★TEL（042）528-1751
★URL www.showakinen-koen.jp

白橡色〈しろつるばみいろ〉

大蛇伝説が残る
黄金のススキ野原

　夕日に照らされたススキの穂が、風に吹かれて黄金色のさざ波のように揺れています。どこかで見たことがあるような、懐かしい風景。ススキの間から昔話の主人公がひょっこり現れても驚かないかもしれません。秋の曽爾高原はそんな、民話のような世界を感じさせてくれる場所です。奈良県と三重県の県境にある曽爾村は、「日本で最も美しい村」のひとつに選定されており、曽爾高原は村の東端にあります。標高700m前後で周りはなだらかな山に囲まれた場所。春先の野焼きで何もなくなった原っぱは、3月の終わりごろから緑が見え始め、1ヵ月後には一面の草原に。初夏のころからススキがぐんぐん伸び始め、夏の終わりにはすっかり背の高いススキで覆い尽くされてしまいます。そして稲穂が輝くころ、曽爾高原は最も美しい季節を迎えます。

旅のヒント　曽爾高原のススキのシーズンは、9月中旬から11月中旬にかけて。周囲の山を含めたハイキングコースが設定されているので、散策と同時に楽しめます。帰りは近くにある「お亀の湯」に浸かって疲れを癒すことが可能。なお、この地域は湧き水がおいしいことで知られ、この水を使っての地ビール作りも行われています。

★所在地／奈良県宇陀郡曽爾村
★アクセス／近鉄大阪線名張駅から三重交通バスで約40分、太良路停留所下車。徒歩50分。秋のみ名張駅から三重交通バス曽爾高原停留所行が毎日運行、約45分。名阪国道針ICから南東へ約40km、約50分
★問い合わせ先／曽爾村観光協会
★TEL（0745）94-2106
★URL sonimura.com

曽爾高原
そにこうげん

奈良県

白橡色
しろつるばみいろ

儚げな鈍色。「橡」はどんぐりを指す言葉で、どんぐりを焙煎せずに染色した色を「白橡」と呼んでいたことが由来。

かつて茅葺屋根の材料として使われていたススキ。現在はその需要はあまりないが、ここではこの風景を残すために保護されている

菜種油色〈なたねゆいろ〉

建材として非常に需要があった大谷石の採掘は江戸時代から始まった。
この巨大な地下空間は、1919年から1986年までの採掘でつくられた

大谷資料館

おおやしりょうかん

菜種油色
なたねゆいろ

緑みがかった深めの黄色。菜種油色ともよばれ、菜種油が灯油として使用された江戸時代から染色にも使われるように。

栃木県

荘厳な神殿を思わせる巨大な地下空間

　大谷石といえば軽くて加工がしやすく、耐火性に優れた石材。今でも建材として人気があり、その耐火性と蓄熱性の高さからピザを焼く窯などに使われています。栃木県宇都宮市はこの大谷石の産地として長い歴史があります。本格的な採掘が始まってから膨大な量の石が地中から切り出されてきましたが、その採掘場の跡地は地下の巨大な空間になっています。深さ30m、広さ2万㎡という広大な地下空間。抑えたライトの光に浮かび上がる壁や天井は整然として美しく、採掘場というよりは建造物のよう。地下に眠る古代神殿だといわれても、信じてしまいそうな雰囲気です。この場所は太平洋戦争中に軍需工場として、また一年を通じて温度が変わらない天然の貯蔵庫として利用されました。現在はコンサートやドラマ、映画のロケ地として使われています。

 旅のヒント　採掘場に入る前の建物には、かつて手掘り作業に使われたつるはしや、当時の作業風景の写真などが展示されており、昔の過酷な石の切り出し作業を知ることができます。なお、坑内の平均気温は8℃前後なので、薄着で行くと寒い思いをします。毛布を貸し出してくれますが、数に限りがあるので上着を持参しましょう。

大谷町周辺には現在も稼働中の採掘場があり、一部露天掘りもあるが多くは地下で採掘されている

★所在地／栃木県宇都宮市大谷町
★アクセス／JR宇都宮駅から約30分、または東武鉄道東武宇都宮駅から約25分。それぞれ関東バスに乗車、資料館入口停留所下車。そこから徒歩約5分
★問い合わせ先／大谷資料館
★TEL (028)652-1232
★URL www.oya909.co.jp

檸檬色〈れもんいろ〉

ギネス記録に認定された水田を彩るイルミネーション

　日本各地に「千枚田」の名を持つ棚田はいくつもありますが、実際に千枚もの水田がある場所はそうはありません。しかしここは1004枚。その名に恥じない枚数です。高低差約60m、ビルにすると19階分に相当する急斜面に、大小の水田がビッシリはりついています。田植えが始まり、水面に朝日や夕日が映り込む春、青々と育った稲の生命力あふれる夏、黄金色の波がさざめく収穫の秋、そしてうっすらと雪化粧し静かに次の春を待つ冬。いつ訪れてもどこか懐かしく、見る人の心を和ませてくれるのは、千枚田が日本人の原風景としてDNAに刻まれているからかもしれません。一方稲刈りが終わるとLEDを利用したイルミネーションが点灯し、幻想的な光景が広がります。2024年元日に起きた能登半島地震では甚大な被害を受けましたが修復を進めています。

旅のヒント

水田に夕日が映えて美しいのは春から夏、イルミネーション点灯は11月から3月。輪島市観光課では田植えと稲刈りのボランティア募集とともに、オーナー制度も実施。能登半島地震にて全体の8割に被害を受けましたが、住民を中心にボランティアも参加して約100枚の水田の田植えにこぎ着け、秋には無事に収穫を終えました。

★所在地／石川県輪島市白米町
★アクセス／JR金沢駅から北鉄輪島特急線バスで約2時間40分、道の駅輪島(ふらっと訪夢)停留所下車。タクシーで約20分。のと里山空港ICから北東へ約36km
★問い合わせ先／白米千枚田景勝保存協議会
★TEL (0768)23-1146
★URL wajima-senmaida.jp

2024年1月の地震、同年9月の豪雨により大きな被害を受けたが、被災前の美しい姿を取り戻すべく地道に復旧作業が続けられている

白米千枚田

●しろよねせんまいだ

石川県

檸檬色(れもんいろ)

緑みをおびた明るい黄色で、「レモンイエロー」の和名。赤みがまったくない、まぶしい黄色を指す。

琥珀色
〈こはくいろ〉

日本三大花火大会のあとふたつは、秋田県大仙市の「全国花火競技大会（大曲の花火）」と茨城県土浦市の「土浦全国花火競技会」といわれる（諸説あり）

復興への願いを込めた夜空に開く大輪の花

　華やかに輝き、次の瞬間には跡形もなく消えてしまう儚い光の花。日本の夏の風物詩といえば花火でしょう。秋田県大仙市大曲、茨城県土浦市（10月開催）とともに、日本三大花火大会に数えられるこの花火大会。長岡まつりのきっかけは、第二次世界大戦末期の1945年にあった長岡空襲の犠牲者慰霊祭。花火はそれ以前から打ち上げられていましたが、いつしか祭りのメインイベントになっていきました。その後年々規模が拡大し、花火の種類も増えて華やかになっていますが、8月1日午後10時30分（花火大会は8月2・3日）、空襲が始まったその時間に、必ず慰霊のための花火が打ち上げられます。最近はこれに加えて新潟中越地震、東日本大震災など、日本各地で発生した自然災害からの復興への祈りが込められているのも、この花火大会の特徴です。

旅のヒント　花火大会が行われる日は、毎年8月の2・3日。週末と重なる年は特に混雑しますので、行き帰りには十分な時間の余裕を持ちましょう。長生橋上流から大手大橋下流まで、川の両岸に観覧席が設けられています。無料席と有料席があり、有料の席はすべて指定席となります。事前に購入できるほか、当日限定の券もあります。

★所在地／新潟県長岡市
★アクセス／信濃川河川敷で行われる。最寄駅はJR上越新幹線・信越本線長岡駅。駅から会場までは徒歩約20分。車の場合周辺駐車場から、臨時のシャトルバスが運行される
★問い合わせ先／長岡花火財団
★TEL（0570）00-8283
★URL nagaokamatsuri.com

長岡まつり大花火大会

琥珀色（こはくいろ）

茶色みが濃く、透明感のある黄褐色。装飾品として重宝されてきた琥珀は、マツ科の植物樹脂が化石となったもの。

ながおかまつりだいはなびたいかい

新潟県

茶

茶色の絶景は地に根をはる「安心感」をくれる

ブラウンは落ち着いた「地面」の色。
何か迷いがあるときに、この色に対峙すれば、
現実に則した堅実な答えを導き出せそうです。
つい衝動で動き出してしまったとき、
茶色の絶景はあなたを
クールダウンさせてくれるでしょう。

紀州茶色（きしゅうちゃいろ）

熊野古道
<くまのこどう>

和歌山県

この道の石畳を踏みしめると、
何世紀にもわたって数え切れないほどの人々が
行き交った歴史が足下から伝わってくる

紀州茶色
〈きしゅうちゃいろ〉

おもに平安から鎌倉時代に
熊野本宮を参拝するために皇族貴族が通った中辺路。
同じ道を歩きながら1000年以上前の行幸を想像してみたい

紀州茶色(きしゅうちゃいろ)

黄色味のある暗めの茶色。「銀煤竹」色として知られていたが、徳川御三家の紀州候(徳川吉宗との説)が好んだことからこの名に。

古代から熊野詣へ人々が歩いた
深い森に続く神聖な道

　森の中に続く熊野古道の石段は、場所によっては古代や中世から変わらないのではないかと思えるほど中央が深くへこみ、まわりは苔むしています。天皇や貴族、庶民が「熊野三山」へ向かうために歩いた歴史を思うと、不思議な感慨を覚えます。歩いてきた石段の道を見上げると、奈良、平安と変わらない風景を見ているようで、しばらく呆然と眺めてしまいます。熊野古道とはおもに6つの道を指すといわれますが、よく知られているのは、高野山と熊野本宮を結ぶ「小辺路(こへち)」、田辺から本宮などへ至る「中辺路(なかへち)」、海沿いの「大辺路(おおへち)」の3つ。熊野参詣ルートとして最も使われたのは「中辺路」でした。それぞれ個性的な道ですが、紀伊の古木が繁る道が続く点では共通しています。歴史の深さに圧倒されつつも、古道のスケールの大きな自然の豊かさは、心を和ませてくれます。

旅のヒント　「熊野三山」とは、熊野本宮大社、熊野速玉大社、熊野那智大社の3社と青岸渡寺の1寺。熊野古道とともに世界遺産に登録されている「熊野三山」は、いずれも神秘的な雰囲気が漂う場所です。熊野信仰の象徴は「八咫烏(やたがらす)」。日本神話に登場する導きの神である3本足のカラスで、日本サッカー協会のシンボルマークにもなっています。

全国に3000社を数える熊野神社の総本宮。
日本神話に登場する3本足のカラス
「八咫烏」がシンボルになっている

★所在地／和歌山県田辺市、那智勝浦町、新宮市
★アクセス／紀伊半島の東西に、熊野本宮大社、熊野那智大社、青岸渡寺、熊野速玉大社をつなぐのが中辺路。
西側からのアクセスはJR紀勢本線紀伊田辺駅、
東側は新宮駅、那智勝浦駅から
★問い合わせ先／和歌山県観光連盟
★TEL (073)422-4631
★URL www.wakayama-kanko.or.jp

朽葉色 （くちばいろ）

かつてはこの狭いトンネルに鉄道が通っていた。
蒸気機関車が煙を吐きながら通過していた時の名残で、
煤で汚れているところもあるので、
トンネルの壁には触らないほうがいい

親不知レンガトンネル

おやしらずれんがとんねる

朽葉色（くちばいろ）

その名の通り、落ち葉のような褐色。赤みが強いものを「赤朽葉」、黄色みが濃いものを「黄朽葉」、緑色のものを「青朽葉」とも。

新潟県

わずかな光をたよりに進む
明治期の土木技術を知る鉄道トンネル

　新潟県糸魚川市西端の日本海沿岸に、高さ300m以上の断崖が約15kmも続く親不知と呼ばれる場所があります。古くから交通の難所で、明治になってようやく道路と山を貫くトンネルが造られました。1907年に工事が始まり、5年の年月をかけて全長668ｍのトンネルが完成しました。レンガ積みのトンネルには旧国鉄の北陸本線の線路が敷かれ、1965年まで使用されていました。現在は当時の技術を伝える土木遺産に認定され、整備されて通行することができます。足元にライトはありますが、懐中電灯があると安心です。通過にかかる時間は約10分。トンネルに先立ち開通した難所越えの道路は、「親不知コミュニティロード」になっており、歩いて往復することが可能です。

旅のヒント　トンネルは糸魚川コミュニティロードとつながっており、行き帰りどちらからでも通れます。トンネルと遊歩道は1周約2km。約30分で周遊できます。トンネルの西側口には展望台が、左側口には駐車場があります。遊歩道は斜面にあるため起伏があり、歩きやすい靴がおすすめです。

冬期(12月〜3月)は
遊歩道の一部区間が閉鎖されるのでご注意を

★所在地／新潟県糸魚川市市振
★アクセス／えちごトキめき鉄道日本海ひすいラインの親不知駅からトンネル南側入口までは徒歩約1時間15分。また、親不知駅から糸魚川市青海地域コミュニティバス(週1日運行)で親不知観光ホテル前停留所で下車、徒歩約10分
★問い合わせ先／糸魚川観光協会 観光案内所
★TEL (025)553-1785
★URL www.itoigawa-kanko.net

榛摺色
〈はりずりいろ〉

太いツルで作られた吊り橋は見るからに丈夫そう。でも実際に渡り始めるとスリルがある

祖谷渓のかずら橋

● いやけいのかずらばし

榛摺色（はりずりいろ）

茶色みが濃い橙色。榛の木の実や樹皮で染めたものが由来で、万葉集にも詠まれるほど古くから親しまれてきた伝統色。

徳島県

つる植物を編んで作られた秘境に架かるスリル満点の吊り橋

　昼間でもうす暗い林を抜けると、物語に出てきそうな吊り橋が現れます。シラクチカズラというマタタビ科のつる植物で作られたこげ茶色の橋は、しっかり向こう岸へ続いていますが、その足元は網の目のようになっています。国の重要有形民俗文化財に指定され、日本三奇橋にも数えられるこのかずら橋は、つるが切れて落ちることは決してないとわかっていながら、歩き始めると急に不安になってきます。真下の渓流からの高さは約14m。幅2mの吊り橋は長さ45m。横木がしっかりと組まれているものの、足元からは渓流が丸見え。できるだけ下を見ないように歩くものの、脚は少々震えてきます。毎日19時から21時30分の間ライトアップされますが夜は通行禁止。闇の秘境に照らし出された吊り橋は、とても幻想的。吊り橋を渡らなくても、そのすばらしさは満喫することができます。

旅のヒント　橋の由来は、逃げ落ちた平家一族が追手から逃れるために橋を落としやすくしたためとも、弘法大師が困っていた村人のために作ったものとも諸説あります。このような吊り橋は以前は数本、この近くに見られたようです。祖谷渓谷には、吊り橋のすぐ近くの「琵琶の滝」をはじめ、見どころが点在。川魚の炭火焼などが味わえる食事処も充実しています。

かずら橋は60mほど離れてふたつあり、上流にあるのが女橋、下流にあるのが男橋

★所在地／徳島県三好市西祖谷山村
★アクセス／JR大歩危駅から四国交通バスで約30分、かずら橋またはかずら橋夢舞台停留所着。徒歩約5分。徳島自動車道井川・池田ICから南へ約49km
★問い合わせ先／三好市観光案内所
★TEL (0883)76-0877
★URL miyoshi-tourism.jp

伊豆大島裏砂漠

唐茶色〈からちゃいろ〉

いずおおしまうらさばく

東京都

唐茶色（からちゃいろ）

「唐」は中国伝来のものから「新しいもの」を意とする言葉となり、この黄味のある茶色も"新鮮な色"として広まった。

常に強風が吹き付けている場所なので、訪れる際には服装などに注意したい

伊豆諸島最大の島に広がる日本唯一の砂漠で地球を体感

　東京からおよそ120km。伊豆諸島最大の島である伊豆大島には、今も火山活動を続ける標高758mの三原山がそびえます。そのふもとに広がる裏砂漠は、日本で唯一の砂漠として、国土地理院が発行する地図に表記されています。鳥取にあるのも「砂漠では？」と思うかもしれませんが、すべて「砂丘」です。裏砂漠は、スコリアと呼ばれる細かい軽石のような火山岩で覆われています。黒に近いこげ茶色の大地は、さえぎるものが何もなく広々としていて、風が吹き付け、太陽は容赦なく照り付けます。足元は埋もれるようで歩きづらく、斜面はすべりやすくなっています。まさに不毛の地ですが、草に覆われた場所も。裏砂漠を歩いていると、ダイナミックでありつつ繊細な地球の息吹が感じられるようです。むき出しとなった原始的な大地にしばらくたたずんで、そのスケールの大きさを体感してみましょう。

> **旅のヒント**　裏砂漠への道として知られているのは、三原山温泉から向かう「温泉ホテルルート」。草原や森を抜ける遊歩道が続き、約3kmで裏砂漠へ着くことができる片道1.5時間ほどのハイキングコースです。島の東側からの「月と砂漠ライン」など、そのほかにもいくつかコースがあるので、道の状態や距離などを参考に、自分に合ったコースを選びましょう。

★所在地／東京都大島町泉津原野
★アクセス／大島元町港、岡田港からそれぞれ大島バスで約30分、三原山頂口下車
★問い合わせ先／大島観光協会
★TEL（04992）2-2177
★URL www.izu-oshima.or.jp

紅柄色
〈べんがらいろ〉

日が落ちると昼間の喧騒が嘘のように静かになり、昔の宿場の雰囲気がイメージできるようになる

昔と今の見どころが混在する
石畳続く中山道の宿場町

　中山道は山の中に続く街道。水車小屋の横に続く石段は、馬籠宿を代表する風景のひとつです。石段は約600mにわたっています。起伏のある細い道には、馬籠宿ならではの風情も感じられます。道の左右には、昔ながらの店や現代風のカフェなどが入り混じり、軒を連ねています。伝統のそば店、五平餅やおやきの店、工芸品が並ぶ土産物店などの間に、洒落たスイーツ店や英語の案内板が並び、どちらも風景の中に馴染んでいるのが不思議ですが、今はそれが馬籠宿の大きな魅力となっています。中山道は江戸日本橋から京都まで約530kmの街道で、69の宿場が置かれていました。馬籠宿は江戸から43番目の宿場町です。馬籠宿には昔ながらの宿やゲストハウスが点在しています。昼間の散策だけではなく、宿泊すると、夕暮れに染まる街やしっとりとした夜の雰囲気も味わえます。

旅のヒント　「木曽路はすべて山の中である」という一文で始まる小説『夜明け前』を著した島崎藤村は馬籠宿の生まれ。馬籠宿本陣跡である藤村記念館は馬籠宿の見どころとなっています。馬籠宿の次、長野県の妻籠宿までは約9km、3時間弱の道のりで、田園風景や山道を歩くことができます。中山道を実際に歩いてみると、宿場町の景色もまた新鮮に見えてきます。

★所在地／岐阜県中津川市馬籠
★アクセス／JR名古屋駅から中央本線で約1時間20分、中津川駅着。北恵那交通バス馬籠線で約30分
★問い合わせ先／馬籠観光協会
★TEL (0573)69-2336
★URL kiso-magome.com

馬籠宿

まごめじゅく

紅柄色
べんがらいろ

赤みのある落ち着いた茶色。紅柄は赤錆から作られる顔料で、インドのベンガル地方が産地であったためこの名が付けられた。

百塩茶色〈ももしおちゃいろ〉

屋久島
やくしま

鹿児島県

百塩茶色
ももしおちゃいろ

赤みの焦茶色で、いわゆる「チョコレート色」。「塩」は「入」の意味で、「百回色を入れる」ほど、何度も染め重ねた濃い色の意。

屋久杉の巨木を目の前にするとその巨大さに圧倒され、とてつもない生命力を実感できる。

樹齢1000年超の巨樹の
エネルギーが宿る世界遺産の島

　亜熱帯の気候に属しながら、冬には降雪がある屋久島。ここは北海道から南の島までの気候と自然がぎゅっと凝縮された特異な土地です。島を表現する言葉はいくつもあり、九州最高峰、標高1936mの宮之浦岳をはじめ、1800m級の山々が連なることから「洋上のアルプス」とも呼ばれています。また作家の林芙美子は『浮雲』という小説に「月のうち、三十五日は雨」という有名なフレーズを残しました。その雨のおかげで屋久杉の原生林や苔むした渓谷が瑞々しく保たれ、生命のエネルギーに満たされているのです。世界自然遺産に登録された縄文杉があまりにも有名ですが、山、川、海の魅力にもあふれています。例えば本格的な登山や、サンゴ礁の海でダイビングもできるのです。大自然の縮図のような島が、多くの人を惹きつけるのは当然といえるでしょう。

旅のヒント　島の規模は1周132km。樹齢7000年の縄文杉までは往復約10時間が目安です。トレッキング経験がない人はツアーを利用するのがおすすめ。体力に合わせ、30分から半日程度のハイキングコースもあります。平内海中温泉や、日本一のアオウミガメの産卵地があるので、レンタカー、バイク、自転車などを利用して島を一巡するといいでしょう。

★所在地／鹿児島県熊毛郡屋久島町
★アクセス／屋久島空港まで大阪から約1時間50分、福岡から約1時間10分。その他都市からは鹿児島経由。鹿児島から飛行機で約40分、高速船で約1時間50分〜3時間
★問い合わせ先／屋久島観光協会
★TEL（0997）46-2333
★URL yakukan.jp

栗皮色〈くりかわいろ〉

澄んだ水が流れる渡良瀬川に作られた銅（あかがね）親水公園。
この美しい景色を見ていると「公害」という言葉が
今や昔のものだと感じられる

足尾銅山跡

あしおどうざんあと

栗皮色（くりかわいろ）

暗めの赤みがかった茶色で、その名の通り熟した山栗の色。別名「栗皮茶」とも呼ばれ、江戸時代に大流行した。

栃木県

日本一の鉱都として栄えた町の歴史の光と影を物語る

　トロッコ列車が走る渓谷の下を流れる、渡良瀬川。この清流がかつて「死の川」と呼ばれていたことを知る人は、徐々に少なくなっています。江戸時代初期に採掘が始まり、1973年に閉山した足尾銅山。かつて東洋一の産出量を誇り、産出された銅は日光東照宮や江戸城の銅瓦にも使われました。一方で鉱毒が周囲の自然を破壊したことは紛れもない事実です。現在、銅山の一部は博物館に生まれ変わり、「日本一の鉱都」と呼ばれた当時を再現しています。採掘風景のリアルさも人形とは思えず、今にも動きだしそうな迫力。また、環境の専門家やボランティアの力により川はよみがえり、水鳥や魚が戯れるもとの自然を取り戻しています。大きな繁栄を誇りながら公害という社会問題を引き起こした、その光と影を目の当たりにし、複雑な思いがよぎります。

旅のヒント　「足尾銅山観光」は、全長700mの坑道跡を利用した博物館。トロッコ電車で内部を見学できます。銅山が栄えた当時、迎賓館として利用された洋館「古河掛水倶楽部」もその繁栄を物語ります。製錬場などの産業施設は、廃墟マニアに人気のスポット。内部は一般に公開されていませんが、年1〜2回、日光市主催の見学会が開かれています。

廃墟マニアには垂涎ものの景色が見られる足尾銅山の廃鉱

★所在地／栃木県日光市足尾町
★アクセス／JR日光線日光駅から日光市営バスで約55分、銅山観光前停留所下車。
日光宇都宮道路清滝ICから南西へ約18km、約25分
★問い合わせ先／足尾銅山観光管理事務所
★TEL（0288）93-3240
★URL www.city.nikko.lg.jp

173

緑

緑の絶景で「自然」のリズムを取り戻す

グリーンはそのまま自然を象徴する色。
緑の絶景は私たちが本能的に回帰するところといえそうです。
「調子が今ひとつ……」と感じているとき、
この色がもつ治癒力で心身の不調は正され、
私たちをゆるやかに
再生へと導いてくれるでしょう。

青柳色
〈あおやぎいろ〉

この島にはもともと野生の馬が生息していたが、
1945年頃に絶滅してしまった。
現在見られる馬は放牧された家畜

国賀海岸

くにがかいがん

島根県

青柳色
あおやぎいろ

柳の葉のような、鮮やかな黄緑色。平安時代から親しまれてきた色で、「古今和歌集」には春を表す色として登場する。

馬や牛がのんびり草を食む
海にそそり立つ絶壁の大草原

広々とした草原で栗毛色の馬がのんびり草を食んでいます。草原の先には日本海の大海原。一見のどかで美しい風景が広がっているようですが、草原の先は断崖絶壁。海面までの落差が100mになる垂直の崖です。隠岐の島諸島の島のひとつ、西ノ島の北西部にある国賀海岸は、東西10km以上にわたり高さ100m以上の断崖が続く隠岐一番の景勝地。険しい崖や波が作り出した洞窟が続く海岸は、国の名勝および天然記念物に指定され、大山隠岐国立公園にもなっています。なかでも「摩天崖」は257mの大絶壁で日本一の高さ。草原の優し気な眺めとは対照的に、海岸は荒々しい表情を見せているのです。国賀海岸には、短時間で「摩天崖」など絶景ポイントを訪ねるショートコースや国賀海岸全域を巡るロングコースなどのハイキングコースが整備されています。

旅のヒント 国賀海岸はバスを利用しても楽しめます。特に観光船に乗ると、海岸が海から眺められるので、断崖絶壁の迫力を見上げることができます。「摩天橋」はもちろんのこと、岩の架け橋のような「通天橋」、ごつごつとした鬼ヶ島をはじめ、海に浮かぶ奇岩の数々など、船だからこそ間近で見られるダイナミックな光景も、思う存分満喫することができます。

★所在地／島根県隠岐郡西ノ島町浦郷
★アクセス／別府港から西ノ島町営バスで約25分、国賀停留所着（バスは4月中旬〜10月下旬のみ運行）
★問い合わせ先／西ノ島町観光協会
★TEL（08514）7-8888
★URL nkk-oki.com

花萌葱色
〈はなもえぎいろ〉

メタセコイア並木 ●めたせこいあなみき

滋賀県

春先に芽吹いたメタセコイアの葉は、
田植えの時期になると葉が大きくなり、
青々とした美しい樹形を見せてくれる

花萌葱色
(はなもえぎいろ)

新緑の葉が朝日に輝く。
こんな清々しい緑のトンネルが2km以上続く

花萌葱色
はなもえぎいろ

濃く艶やかな緑色。「萌葱色」のひとつで、「花色」に「黄色」を染め重ねて作った色。同じ読みの「萌黄色」は黄緑色で別のもの。

琵琶湖北西の高原に続く
さわやかな緑の並木道

　高さ30mほど、すっと背を伸ばした緑の木々は1本1本上品なたたずまいで、整然と続く並木の景色は凛々しく見えます。県道沿いに2.4kmにわたり立ち並んでいるのは、約500本のメタセコイア。ヒノキ科メタセコイア属の落葉樹は、和名でアケボノスギやイチイヒノキとも呼ばれます。この並木道の始まりは1981年。当時は桜並木に、という声もあったそうですが、果樹園を守る防風林が必要であったため、背丈のあるメタセコイアが選ばれました。地元の人々により大事に育てられ、今も保全活動が行われているメタセコイア並木は、絶景として全国的に知られるようになっています。並木道が見られるのは、琵琶湖の北西高島市にある農業公園マキノピックランドの敷地内。春は新緑、秋は紅葉、そして冬は雪景色と四季折々に見せてくれる風景は、いずれも見る人の心をつかんで離しません。

旅のヒント

現在は高島市に合併されているマキノ町は、カタカナ表記をした全国初めての自治体です。マキノピックランドは、旬の果物狩りなどを楽しめる農業公園で、最も古くからある栗園は55万㎡の広さがあります。グラウンドゴルフ場、芝生広場、野菜直売所、レストランやカフェが整備されたパークゾーンもあり、手作りジェラートアイスなどが人気となっています。

秋、紅葉の時期になると
並木道はまったく違った雰囲気となる

★所在地／滋賀県高島市マキノ町
★アクセス／JR湖西線マキノ駅からコミュニティバスマキノ高原線で約6分、マキノピックランド停留所下車。
北陸自動車道長浜ICから北西へ約40km
★問い合わせ先／びわ湖高島観光協会
★TEL（0740）33-7101
★URL takashima-kanko.jp

碧色 〈へきしょく〉

竹林は世界遺産に登録されている天龍寺の北側周辺に広がっている。竹林のなかの遊歩道はいくつもあるが、嵐山の竹林が特に有名

嵯峨野の竹林

さがののちくりん

碧色（へきしょく）

深い青緑色。緑みの強い碧玉、「緑碧玉」に由来する。碧玉は不純物を含む石英の結晶で、混入物によって色や呼び名が変わる。

青竹のすがすがしさに俗世を忘れる非日常の癒し空間

　天を目指しすっと伸びた竹林から、木洩れ日が注ぐ小径。ひと目見ただけで多くの人が、「あ、あの場所」と気づくことでしょう。一年を通じて多くの観光客で賑わう京都。嵯峨野周辺も例外ではありませんが、わずか300mほどのこの小径に、ふと誰もいなくなる瞬間が訪れます。不思議と青竹の香りが強くなり、竹の葉を揺らす風の音、鳥の声もはるか遠いところから聞こえてくるように感じられるのです。このあたりは平安時代から多くの貴族が愛し、別荘や草庵を結んだ土地でした。平清盛の寵愛を受けた祇王が、寵愛を失ったことで都を追われるように出家して入寺した祇王寺、昭和初期の名優、大河内傳次郎が生涯をかけて造り上げた庭園があるのも嵯峨野です。俗世のわずらわしさや悩みを忘れさせてくれる空気が、ここには流れているのでしょう。

旅のヒント　あまりに有名な場所で人通りも多いため、平日かなるべく早朝に訪れたほうがゆっくり散策できます。竹林を抜けたら先に常寂光寺、祇王寺、あだし野念仏寺を巡り、大河内山荘に戻って、抹茶とお菓子をいただくのがいいでしょう。12月の「京都・嵐山花灯路」期間中は、夜間ライトアップされた竹林の幻想的な光景が楽しめます。

★**所在地**／京都市右京区嵯峨天龍寺芒ノ馬場町
★**アクセス**／京福電気鉄道嵐山駅下車、徒歩約10分。JR山陰本線嵯峨嵐山駅下車、徒歩約13分
★**問い合わせ先**／京都総合観光案内所（京なび）
★**TEL** (075)343-0548
★**URL** ja.kyoto.travel

孔雀緑色〈くじゃくみどりいろ〉

約17mの落差で直接渓谷に流れ落ちる真名井の滝。日本滝100選にも選ばれている名瀑にはボートで近づくことができる

高千穂峡

たかちほきょう

宮崎県

孔雀緑色
くじゃくみどりいろ

孔雀の羽のような青緑色。明治期に「ピーコックグリーン」として西洋から伝えられた。羽の青い部分を指す色は「孔雀青」。

神話の世界を肌で感じる幽玄なる渓谷

　卑弥呼が治めていたといわれる古代王国が、北九州にあったのか、畿内地方にあったのかの「邪馬台国論争」は有名ですが、同様に『古事記』や『日本書紀』に書かれた天孫降臨の場所が高千穂峡なのか、それとも高千穂峰なのかでも論争があります。神話といえども、それぞれの説を信じる人には熱が入る問題のようです。雄大な山岳風景が売り物の高千穂峰に対し、高千穂峡は深さが最大100mに達する断崖が7kmに渡って続く渓谷。谷の壁面は阿蘇山の火山活動により生まれた柱状の岩が並ぶ不思議な崖で、船で谷に入っていくときの感覚は、まさに異界の神殿に侵入しているようです。深い緑に覆われた谷の内部は「幽玄」という言葉がふさわしい空間。実際にここを訪れてみると、神話が誕生するのは自然なことのように思われます。

旅のヒント　谷に沿って1kmほどの遊歩道が造られており、歩いて見学するのが一般的。また貸しボートがあるので、船をこいで神秘的な谷の中に入っていくことができます。高千穂峡のハイライトのひとつ「真名井の滝」は歩道からも見えますが、崖の上から水面に直接流れ落ちる様は、ボートで近づくとより美しく、迫力ある景色に見えます。

★所在地／宮崎県西臼杵郡高千穂町
★アクセス／JR日豊本線延岡駅から宮崎交通バスで約1時間30分、高千穂バスセンター停留所下車。そこから徒歩約15分。春から秋には町内を巡回するシャトルバスが運行
★問い合わせ先／高千穂町観光協会
★TEL（0982）73-1213
★URL takachiho-kanko.info

鶯色
（うぐいすいろ）

あらぎ島展望所からの眺め。
有田川は向かって左から右へ流れている

あらぎ島

あらぎじま

和歌山県

鶯色
うぐいすいろ

鶯の羽のような落ち着いた黄緑色。江戸時代に生まれ、「和菓子」に多用された。鶯色に茶色を加えると「鶯茶」色に。

川の流れに取り囲まれた小島のような棚田

　夏、有田川の上流に青々とした稲を実らせているあらぎ島。川の対岸にある展望所から眺めると島のように見えますが、蛇行した川の内側の台地で、50枚以上の大小の棚田が並んでいます。「日本の棚田百選」に選ばれ、2013年には周囲の景観とともに国の重要文化的景観にも選定されています。

　この棚田が開発されたのは、史料から1655年と特定されています。開発の資金提供と指導を行ったのは、地元の庄屋の笠松左太夫。灌漑水路の建設や新田開発に尽力したこの人物は、紀州手漉き和紙「保田紙」の創始者としても知られています。春には水鏡のような風景、秋は黄金の稲穂、冬には雪景色が眺められるあらぎ島の水田は、昔と変わらず今も耕作が行われています。自然が生み出した奇妙な地形のなかに見られる絶景は、長い年月を重ねた人間の営みが作り出した芸術品でもあるのです。

 展望所近くの道の駅には「保田紙」のほか、「こんにゃくうどん」「ぶどう山椒」などの地元名物が並びます。あらぎ島を見学したあとは、有田川の下流、車で10分ほどの二川ダムに架かる蔵王橋にも、ぜひ足を延ばしましょう。全長約160mの赤い吊り橋で、左右の手すりは大人の腰ほどの高さしかなく、足元も網状になっていて、かなりのスリルが味わえます。

棚田に水が張られて田植えが始まる短い期間しか見られない「水鏡」。例年4月下旬から5月上旬がその期間

★所在地／和歌山県有田郡有田川町清水
★アクセス／JR紀勢本線藤並駅から有田鉄道バスで約1時間、三田停留所下車。徒歩約5分。阪和自動車道有田ICから東へ約32km
★問い合わせ先／有田川町産業振興室
★TEL (0737)22-7105
★URL www.town.aridagawa.lg.jp

萌黄色
〈もえぎいろ〉

弥陀ヶ原湿原

みだがはらしつげん

山形県

萌黄色
〈もえぎいろ〉

若葉のような明るく、みずみずしい黄緑色。平安時代から愛されてきた色で、「萌木」とも表記される春を代表する伝統色。

湿原に見られるワタスゲやミヤマホタルイが稲に見えるために
神様が田植えをしたところ「御田ヶ原」という別名がある

湿原に咲き誇る高山植物
山上に現れた天国のような風景

　険しい山道を麓から歩いてきた修験者たちは、この風景を目にしたら、きっと天界に辿りついてしまったと思うかも知れません。瑞々しい緑の湿原が広がり、色とりどりの高山植物の花が風に揺れています。そこは東北地方で最も有名な山岳信仰の場、出羽三山のひとつである月山の八合目にある弥陀ヶ原湿原です。現在は車で八合目まで来ることができるために、麓から2本の足で登ってきた時代と比べるとありがたさは薄れてしまっているかもしれませんが、その美しさは変わりません。ワタスゲ、ニッコウキスゲ、チングルマ……、ここで見られる高山植物は130種以上。それが6月中旬から8月中旬くらいまでの間、次々と花を咲かせていきます。標高約1400ｍの湿原は、今も昔も訪れる人を夢の世界に足を踏み入れた気分にさせてくれるのです。

旅のヒント　ここは日本でも有数の豪雪地帯。年によっては7月に入っても残雪が見られます。湿原を一周できるように木道が整備されているので、見学はここから。枝分かれした木道もあり、だいたい歩く距離は2～3kmで、所要時間は1～2時間です。天気の悪い時は、夏でも真冬並みに冷え込むので防寒対策を忘れずに。

★所在地／山形県鶴岡市羽黒町川代
★アクセス／JR羽越本線鶴岡駅から月山八合目まで庄内交通バスで約2時間。そこから徒歩で湿原を巡る遊歩道へ。一般車両も八合目まで行くことができる。駐車場有
★問い合わせ先／羽黒町観光協会
★TEL (0235)62-4727
★URL hagurokanko.jp

常磐色〈ときわいろ〉

大小の緑の塊がぞろぞろと広がる光景は、ちょっと不気味でもあり、見方によってはかわいくも見えてくる

山犬嶽

やまいぬだけ

徳島県

常磐色
(ときわいろ)

松や杉など常緑樹の葉を思わせる濃い緑色。常緑樹は色が変わらないことから、「とこいわ」と結び付けられ、縁起色として好まれた。

うっそうとした山に広がる苔に覆われた別世界

　林の中、うす暗い山道をしばらく登ると、緑の苔が目立ち始めます。登山口から40分ほど。モコモコした苔の大きな塊が集まったかのように不思議な光景が目の前に広がります。これは散らばった大小の岩の表面に苔が生えたものですが、適度な湿気と日差し、そして山の中腹でそれほど高温にならないという、苔の生育にとって好条件が揃った環境が、このユニークな光景を作りだしました。「こけの名所」と呼ばれるこのスポットは、山犬嶽山頂にいたる人気のハイキングコースの一部で、そのほかに杉の巨木に囲まれた東光寺、素晴らしい眺望が楽しめる展望岩などのスポットがコース上に点在しています。「こけの名所」から東光寺までは約20分、標高997ｍの山頂までは約40分。登山道が整備され、途中の案内標識もしっかりしているので、ゆっくり歩けばけっして難しい山ではありませんが、必ずハイキングに適した靴で出かけましょう。

旅のヒント　お地蔵さんを順番に巡ることで、ミニ八十八ヵ所参りもできる山犬嶽。巨石の上などに祠も多く見られ、様々な楽しみ方がありますが、険しい山であることは忘れないように。登山道から外れると危険なので、マップは町のホームページなどから事前に入手しておきましょう。苔の上に登ったり、苔をはがして持ち帰ることなども禁止されています。

苔を美しいと思える感性は
外国人にはなかなか理解されなかったが、
近年はインバウンドの旅行者向けに
日本の自然を愛でるツアーが盛んになっている

★所在地／徳島県勝浦郡上勝町大字生実
★アクセス／JR徳島駅から南西に約42km、山犬嶽専用駐車場着。駐車場から登山口まで徒歩で約40分
★問い合わせ先／上勝町産業課
★TEL (0885)46-0111
★URL www.kamikatsu.jp

黄浅緑色
〈きあさみどりいろ〉

「千里」とはとても遠い距離、
あるいは非常に広い場所という意味がある。
阿蘇中岳の山裾に広がる草原は日本と思えないほどのスケール

阿蘇・草千里

● あそ・くさせんり

黄浅緑色
(きあさみどりいろ)

明るい黄緑色で、別名「きのあさみどり」。非常に繊細な色味で黄色が強いと「黄浅緑」、青みが強いと「青浅緑」と分類される。

熊本県

3万年の時間が織り上げた火口跡を覆う緑の絨毯

　水辺で牛たちが草を食む、のんびりとした様子から、ここがかつて噴火口だったことは想像できません。でも周りを見渡せば、そこが外輪山の縁どりに囲まれていることに気づきます。阿蘇五岳のひとつ、烏帽子岳の中腹に広がる直径約1kmの丸い形をした草原は、今から約3万年前大噴火を起こした場所。今はすっかり牧草に覆われ、高山植物が花を咲かせています。この草千里は27万年前の噴火によってできた、世界最大級の阿蘇カルデラにすっぽりと収まっています。カルデラ内には今も活動を続ける火山もあれば、人が暮らす街もあります。長い時間をかけて自然と人が共存し、作り上げてきた場所なのです。それを思うと100年もこの世に存在しえない人間の存在は、ずいぶんとちっぽけなものに思えます。

旅のヒント　「阿蘇パノラマライン」沿いの有料駐車場から続く展望台からは、草千里と中岳、阿蘇の風景にたびたび登場する米塚を、360度見渡せます。草千里内は自由に散策でき、馬の背に揺られる引き馬体験もできます。噴煙を上げる中岳火口とエメラルドグリーンの火口湖も、ぜひ見ておきたいところ。ロープウェイを利用するか、徒歩でも上れます。

草千里には雨水が貯まったふたつの池がある。
流れ出ていくことがないので季節によって水量が変わり、雨が少ないと干上がってしまうことも

★ **所在地**／熊本県阿蘇市草千里ヶ浜
★ **アクセス**／JR豊肥本線阿蘇駅から九州産交バスで約30分、草千里阿蘇火山博物館前停留所下車。九州自動車道熊本ICから東へ約36km、約1時間
★ **問い合わせ先**／阿蘇市観光協会
★ **TEL** (0967)34-1600
★ **URL** www.asocity-kanko.jp

松葉色 〈まつばいろ〉

湯の滝の北東約3kmのところにある雄阿寒岳は2011年に活火山に選定されている

オンネトー湯の滝

おんねとーゆのたき

松葉色
（まつばいろ）

松の葉のような深い緑色。常緑樹である松は長寿の象徴とされ縁起色として愛されてきた。松の葉のより濃い部分が「常盤色」。

世界からも注目を集める優雅に流れ落ちる静かな滝

　阿寒摩周国立公園の西端にある湖オンネトーから約1.4km、湯の滝はなだらかな山肌を縫うように流れています。高さ30mから落ちる二条の滝といわれますが、滝というよりも「水の流れ」の方が似つかわしく、その流れはいく筋も見えます。名前のとおり、滝の上の池が天然の温泉で、以前は秘湯の露天風呂として利用されていましたが、現在は入浴禁止。その理由は、温泉内のバクテリアなどが水中のマンガン鉱物を酸化させ、マンガン鉱床を作り出していることがわかったため。地球上でマンガン鉱床が形成されるのは海底で、陸上でそれが観察できるオンネトー湯の滝は「世界唯一の場所」として世界的に注目されることとなったのです。2000年、湯の滝は国の天然記念物に指定されました。突然、地球科学の聖地のようになった湯の滝ですが、なだらかな流れは昔と変わることはありません。

旅のヒント　オンネトーは、アイヌ語で「年老いた沼」や「大きな沼」を意味します。湯の滝の1km北にある周囲2.5kmの湖は、季節や天候、見る角度により、青、エメラルドグリーン、ダークブルーなど湖面の色を変えていきます。動力船やカヌー、ウォータースポーツなどは禁止されていて、湖では静かな風景を楽しめます。湖畔には野営場や休憩所も整備されています。

★所在地／北海道足寄郡足寄町上螺湾
★アクセス／道東自動車道足寄ICから北東へ約50km。とかち帯広空港から北東へ約123km。道道949号と664号は冬期は車両通行止めとなる
★問い合わせ先／あしょろ観光協会
★TEL（0156）25-6131
★URL www.town.ashoro.hokkaido.jp

鸚緑色
〈おうりょくいろ〉

緑に覆われた美しい姿　天然記念物に指定されている山

伊豆高原でひときわ目立つ美しい円錐代のシルエット。大室山は約4000年前の噴火でできた標高は580mの火山（死火山）です。山肌が美しく見えるのは、同じ長さに刈り揃えたようなカヤに覆われているため。これは毎年2月の第2日曜日に行われる山焼きのおかげです。

頂上は大きなすり鉢状になっていて、火口の周囲およそ1kmを歩いて1周する「鉢めぐり」ができます。周りに山がない独立峰なので遮るものは何もなし。360度の絶景を堪能できます。東側は相模灘から伊豆諸島の島、三浦半島や房総半島、西側に目をやれば箱根の山や富士山の頂、

さらに南アルプスも。富士箱根伊豆国立公園の一部で、山体自体が国の天然記念物に指定されているため、徒歩での登山は禁止されています。山頂へはリフトを使って上ることになっています。

旅のヒント　中秋の名月には観月のためナイトリフトが運行される「大室山観月祭」が開かれます。また約700年の歴史を誇る「大室山山焼き」は一度見てみたいもの。山麓から真っ赤な炎が山肌を駆け上がっていく姿は圧巻のひと言です。

★所在地／静岡県伊東市池
★アクセス／JR・伊豆急行伊東駅から東海バスで約40分、伊豆急行伊豆高原駅からは約20分、シャボテン公園停留所下車
★問い合わせ先／国立公園伊豆・伊東大室山登山リフト
★TEL (0557) 51-0258
★URL omuroyama.com

すり鉢の底、火口部分には安産と縁結びに御利益があるといわれる大室山浅間神社とアーチェリーの施設がある

大室山

● おおむろやま

静岡県

鸚緑色
おうりょくいろ

オウムの羽色に由来する鮮やかな黄緑色。別名「おうむどり」。オウムが伝来された最古の記録は647年と、古来より親しまれてきた。

白

「まっさら」に生まれ変わる白の絶景

ピュアでニュートラルなイメージがあるホワイト。
いっぽう「真っ白になる」という言葉があるように、
エネルギーを使い果たしてしまったときに
私たちが行き着く色でもあります。
一度すべてをまっさらにした後は、
また新しい色を重ねたくなるでしょう。

白銅色〈はくどういろ〉

むげんきょう● 霧幻峡

福島県

川面から発生する霧が渓谷全体を覆いつくす。
名前にふさわしい幻想的な光景

白銅色
〈はくどういろ〉

船を漕ぐ櫓の音だけが静かに響く。
渡し船に乗るには事前予約が必要。
霧が立ち込める川を見たいなら早朝か夕方がいい

白銅色
はくどういろ

青みがかった明るい灰色で、名の通り、金属の「白銅」が由来。白銅は銅にニッケルを加えたもので、100円硬貨、50円硬貨がそれに当たる。

消えた集落を慈しむかのように
川面を真っ白に包み込む霧の幻

　山の奥を流れる川は、かろうじて岸辺の深い森が霞んで見えるだけ。あたりには濃い霧が立ち込め、真っ白の世界が広がります。福島県奥会津地方を流れる只見川の渓谷の一部は「霧幻峡」と呼ばれ、2010年から観光船「霧幻峡の渡し」が行き来しています。かつては10戸ほどの集落があり、住民は生活のため渡し船を自分たちで運航していました。しかし村に活況を与えた硫黄鉱山の廃鉱に水が溜まり、それが原因のひとつとなり大規模な土砂崩れが発生。住民は移住して集落は消滅。1964年以来、渡し船も姿を消しました。2010年に渡し船を復活させたのは、郷土写真家としても活躍しているかつての集落の住民。夏の早朝や夕方遅くに発生する川霧は、ここならではの原風景として知られるようになりました。その背景には、ひとつの集落の物語があったのです。

旅のヒント　これほどの霧が見られるのは、ダムにより川の流れがほとんどないため。尾瀬などを水源とする冷たい水が流れ込む川にあたたかい空気が吹き込むと、大量の川霧が発生します。この光景が見られるのは年間30日程度といわれています。周辺には集落に昔のまま残された霧幻地蔵、子安観音などがありパワースポットとして注目されています。

冬の間は渡し船の運行はないが
雪に覆われた霧幻峡も違った美しさがある

★所在地／福島県大沼郡三島町
★アクセス／早戸船着き場まではJR只見線会津若松駅から約1時間30分、早戸駅下車。徒歩約5分。
磐越自動車道会津坂下ICから南西に約40km
★問い合わせ先／金山町観光物産協会
★TEL (0241) 42-7211
★URL www.mugenkyo.info

浅葱鼠色〈あさぎねずいろ〉

西に向かって紀伊水道に突き出した岬の先端に位置する。「日本夕日百選」や「日本渚百選」に選ばれている

白崎海洋公園

しろさきかいようこうえん

浅葱鼠色
あさぎねずいろ

浅葱色、つまり青緑が加わった鼠色。「四十八茶百鼠」のひとつ。ちなみに江戸時代は火事が多かったため「灰」という言葉は避けられ、「鼠」の色名が使われた。

和歌山県

白い岩礁が青い海に映える
日本のエーゲ海風景

　紀伊半島の西部、白い岩に覆われた一帯は、青い海とのコントラストが際立っていて日本の風景とは思えないほど。この白崎海洋公園が「日本のエーゲ海」と呼ばれることに納得してしまいます。白い岩は、サンゴや貝殻が大量に集まり、長い時間をかけて固まった石灰岩。古代生物などの化石が至るところから発見されます。青と白の絶景は昔から変わることなく、その眺めは万葉集にも歌われています。らせん階段を上がった先の展望台からは、淡路島や四国の山並みも眺めることができます。公園内には、オートキャンプサイトやログハウスなども用意されたキャンプ場があり人気となっています。また白崎海洋公園は和歌山県朝日夕日百選にも選ばれています。宿泊をすれば、岩を赤く染める夕日が眺められ、月が出ると、暗闇の中にぼんやりと白く浮かぶ岩礁の幻想的な風景の世界に浸ることができるでしょう。

 旅のヒント　公園内には、観光案内所や食事処などもあります。メニューでは、地元名物のアカモク丼やしらす丼が人気。特に、栄養が豊富でミネラルや繊維が多い海藻アカモクは、スーパーフードとしても注目を集めています。両方が一度に味わえる「ハーフ丼」も用意されています。夏季は、白崎の海岸を模したような見た目の特製かき氷が大人気となっています。

展望台に設置された案内図。
対岸の四国、徳島県の阿南市までは
直線距離で約35km

★所在地／和歌山県日高郡由良町
★アクセス／JR紀勢本線紀伊由良駅からタクシーで約15分、日曜、祝日のみ白崎海洋公園停留所まで中紀バスの運行あり。阪和自動車道広川南ICから西へ約20km
★問い合わせ先／白崎海洋公園 運営事務局
★TEL（0738）65-0125
★URL shirasaki.or.jp

205

生成色〈きなりいろ〉

仙石原
◉せんごくはら

神奈川県

生成色
きなりいろ

黄味のある白色で、「漂白する前の木綿『生成り』」が由来。近代化の反動で自然回帰が高まった1970年代に生まれた新しい色。

一面のススキ草原から、夢破れた人々の切ない想いが伝わってくる

　高原の澄んだ空気のなかを走る秋のドライブは、とても気持ちのいいものです。箱根の秋の風物詩といえば、仙石原・台ヶ岳の斜面を覆うススキ草原です。夏の間、まぶしいほどに青々と茂ったススキも、初秋を迎えると穂が膨らみ、斜面を黄金色の絨毯で敷き詰めます。見る者の心を和ませてくれるススキですが、かつてこのあたりに暮らす人にとって、大切な生活の糧でした。江戸時代、この広大な原野を開拓すれば千石もの穀物が収穫できるだろうと名付けられた仙石原。しかし、火山灰が覆う湿地帯は耕作に適さず、その夢は儚くも破れました。そのかわり、屋根を葺く茅、つまりススキを植えて生活の糧としたのだそう。風が吹いて斜面全体がうねるように揺れるたび、どこかもの悲しさが漂うのは、昔の人の叶わなかった夢の名残りでしょうか。

旅のヒント 見ごろはススキが金色に染まり始める9月下旬～11月上旬。特に早朝は、幻想的な光景が広がります。例年9月の中頃に近くの仙石原公園で「仙石原すすき祭り」が開催されます。周辺の有名旅館の料理が食べられたり、ライブショーがあったり、箱根町の秋の風物詩となっています。早春のころ、ススキを燃やす野焼きが行われ、仙石原全体を炎が覆い尽くす光景も圧巻です。

★**所在地**／神奈川県足柄下郡箱根町仙石原
★**アクセス**／箱根湯本駅から箱根登山バスで約30分、仙石高原停留所下車。東名自動車道御殿場ICから南東に約18km
★**問い合わせ先**／箱根町総合観光案内所
★**TEL** (0460)85-5700
★**URL** www.hakone.or.jp

シーズンの前半はススキの穂は白く輝き、秋が深まるにつれて黄金色に変わっていく

空色鼠色（そらいろねずいろ）

冬はかなり気温が下がるところなので池が結氷してしまうことは珍しくない。湖面に映る雪景色はかなり貴重

色を失ったモノクロームの世界は、音のない静寂な空間

　日本画壇の巨匠、東山魁夷の『緑響く』は、深い森と湖のほとりを進む1頭の白馬の姿が鏡のような湖面に映る幻想的な作品。上下対称の印象的な構図の風景を、作品名は知らなくとも、一度は目にしたことがあるのではないでしょうか。この絵のモチーフとなったのが御射鹿池です。ここは1933年に造られた農業用の小さな貯水池。強い酸性の水質のため魚は生息できません。そのために水は透明で、条件が整えば周囲の木々が鏡のように映る姿を眺めることができます。若葉が芽吹き始める春、新緑の美しい初夏、緑が濃い盛夏、そして木々が鮮やかに色づく秋、季節ごとに違った美しさを写真におさめようと、カメラを持って多くの人が訪れます。冬にこの地を訪れる人はあまりいませんが、緑の葉の代わりに雪をまとった木々を映す冬の風景は、「幽玄」という言葉がふさわしいかもしれません。

旅のヒント　御射鹿池は県道191号線沿いにあり、車で容易に訪れることができます。この道は「湯みち街道」と呼ばれ、周囲には奥蓼科温泉や渋温泉などの温泉地があります。冬は積雪のために道が閉鎖されることもあるので、事前に情報を得るようにしましょう。御射鹿池の駐車場からは、明治温泉とおしどり隠しの滝へ徒歩で行くことが可能です。

★所在地／長野県茅野市豊平奥蓼科
★アクセス／JR中央本線茅野駅から奥蓼科渋の湯線で約40分、明治温泉入口停留所下車。中央自動車道諏訪ICから東へ約18km
★問い合わせ先／ちの観光まちづくり推進機構
★TEL（0266）73-8550
★URL navi.chinotabi.jp

御射鹿池

みしゃかいけ

長野県

空色鼠色
そらいろねずいろ

青みがかった明るい灰で、曇天の中でぼんやりと光が差す、微妙なニュアンスを表現する洒落た色として江戸時代に人気となった。

白練色
〈しろねりいろ〉

自然のままの砂浜。管理されたビーチではないので、
海水浴のシーズンでもライフガードなどはいない。
自分で安全対策をして楽しみたい

イーフビーチ

いーふびーち

沖縄県

白練色
しろねりいろ

光沢感のある白色。生糸の黄味を消す「白練」という技法が由来で、白練後のなめらかな絹糸のような色味を指す。

サンゴ礁の島で、天国を思わせる純白のビーチをどこまでも歩く

　琉球王朝時代、久米島は琉球列島のなかで最も美しい島であることから、「球美の島」と呼ばれました。周囲が1000m級の深い海に囲まれているため、イルカやマンタ、親子で回遊するザトウクジラなどに会うことができ、多くのダイバーを魅了する島として知られています。この島にあるイーフビーチは「日本の渚百選」に選ばれた島屈指の美しいビーチ。約2kmに渡って続く真っ白い砂浜とコバルトブルーの海とのコントラストに言葉を忘れ、この風景がそのまま天国につながっているような気さえしてきます。でも、ちょっとした自然のいたずらにご注意を。遠浅の海は干潮時には約100m近くも潮が引き、波打ち際がはるか沖へと消え去ってしまうのです。そんなときは潮だまりやサンゴのかけら、貝殻を探しながら、海を目指して歩いてみるのもいいかもしれません。

> 旅のヒント
> 干潮時は大きく潮が引いてしまうため、海水浴を楽しむなら潮見表をチェックして満潮時に訪れるのがいいでしょう。沖合5kmには、7kmにわたり3つの砂洲が点在し、「東洋一、美しい」といわれる「ハテの浜」があります。渡し船のほか、サンゴ礁やウミガメ、シュノーケルスポットに案内してくれるランチ付きのツアーもあります。

★所在地／沖縄県島尻郡久米島町
★アクセス／久米島へ本土からの定期直行便はなく、那覇空港を経由する。久米島空港から久米島町営バスで約25分、イーフビーチホテル停留所下車。空港からタクシーで約20分
★問い合わせ先／久米島町観光協会
★TEL (098)851-7973
★URL www.kanko-kumejima.com

青白磁色
〈せいはくじいろ〉

幅約87m、高さ14mの小さなダム。
1938年に竣工した歴史のあるダムで、
1999年に近代化遺産として国の重要文化財に指定された

白水ダム

はくすいだむ

女性がまとう絹のドレスにも似た
日本一美しい水流を持つダム

　ダムというと、轟音とともに流れ落ちる水を想像します。しかし、このダムはとても女性的。絹の衣が風をはらんでなびくようにも見えるのです。「日本一美しい」といわれる白水ダムの正式名称を「白水溜池堰堤」といいます。優雅な流れにそぐわない名前なのは、農業用水を確保するために造られた貯水池だから。もともと地盤が弱いところなので、水圧を抑えるためになだらかな曲線を描いて落ちるよう設計されたのだそうです。右岸の流れは「武者返し」と呼ばれ、白い円弧を描く水流が逆流して壁面を駆け上り、ほかの水とぶつかり合いながら流れ落ちます。一方の左岸は、筋を刻んで落ちてきた水が、白い泡になって弾けます。たとえるなら、ドレスのすそに真珠を散らしたよう。秘境とも思える山深い場所で、高貴な女性に遭遇したような感動を覚えます。

大分県

青白磁色
（せいはくじいろ）

淡い青緑がかった白色。白磁のひとつで、細かな溝にたまった釉薬により全体が青緑色に見える「青白磁」という焼き物が由来。

　右岸と左岸で眺めが変わります。右岸へは駐車場から1km近く歩かなければなりませんが、湖面を見下ろすことができます。一方、左岸はダムのすぐそばが駐車場。新緑や紅葉と水量が多い時期が重なると、とても美しい光景になります。農業用水の利用が増える夏場や渇水時は放水量が減り、流れが見えないこともあります。

堤頂を越えて流れ落ちる
水量によって見え方が変わる。
水量が多いほど白くなる

★所在地／大分県竹田市大字次倉（右岸）、荻町鴨田（左岸）
★アクセス／ダム近くに行く公共交通機関はなく、車が唯一の手段。
豊肥本線豊後竹田駅から南西へ約11km、約25分
★問い合わせ先／竹田市観光ツーリズム協会
★TEL（0974）63-0585
★URL taketa.guide

小町鼠色〈こまちねずいろ〉

冬場に訪れる場合、参道の照明がつかないので
必ず日が落ちる前に戻ってこられる時間にでかけること。
また除雪もされないので雪のなかを歩ける装備を

羽黒山の雪の五重塔

● はぐろさんのゆきのごじゅうのとう

小町鼠色
(こまちねずいろ)

わずかな赤みがある淡い灰色。美人の意をもつ「小町」が名に冠されたことで、「気品のある色」として、江戸時代に流行した。

山形県

幽玄な杉の老樹に囲まれた東北地方最古の五重塔

　山中に籠もり、霊力を身に付けるために修行に励む山伏。山伏を生んだ修験道は、神道的な山岳信仰に仏教を取り入れた日本独自の信仰の形態です。その聖地のひとつ、山形県の出羽三山は、開山から1400年の時を経た今も、信仰を集める霊山として知られています。出羽三山とは羽黒山、月山、湯殿山の3つの総称で、羽黒山に三山の神がともに祀られています。参拝には表参道の2446段の石段を上ります。あたりは樹齢数百年という杉の木に囲まれて昼でも薄暗く、ひんやりとした空気。そのなかを歩いていくと、平将門創建と伝えられる国宝の五重塔が姿を現します。明治維新後の廃仏毀釈で、羽黒山でも多くの建物が取り壊されましたが、この塔はそれを免れました。雪降りしきる中に立つその様子は、まるで修験道の厳しさを体現しているかのようです。

旅のヒント

羽黒山の参道入り口から五重塔へは徒歩で約7分、山頂へはそこから1時間程度かかりますが、ふもとからバスまたは車で訪れることも可能です。参道は2009年にフランスの旅行ガイド、ミシュラン・グリーンガイド・ジャポンで三ツ星に認定された美しい道。体力が許せば徒歩で行くのがおすすめです。

五重塔の周囲を囲む杉の巨木は「爺杉」と呼ばれており、樹齢は1000年にもなるという

★所在地／山形県鶴岡市羽黒町
★アクセス／JR羽越本線鶴岡駅から庄内交通バスで約40分、羽黒随神門停留所下車。徒歩約10分。
山形自動車道鶴岡ICから東へ約33km、羽黒山頂までは羽黒山有料道路（〜16:00、時期により変動）を通行
★問い合わせ先／出羽三山神社
★TEL（0235）62-2355
★URL www.dewasanzan.jp

215

月白色〈げっぱくいろ〉

釧路湿原のタンチョウ 〈くしろしつげんのたんちょう〉

月白色
〈げっぱくいろ〉

青みがかった白で、その名の通り月を連想させる淡い色。「つきしろ」とも読め、十五夜を待ち焦がれた古の人の思いが重ねられている。

北海道

日本で観察されるツルのほとんどが越冬のために北からやってくる
渡り鳥だが、例外が釧路湿原に生息するタンチョウヅル。
一年を通して周辺で暮らしていて、冬場になるとエサがあるこの地に集まってくる

白雪の大地で舞い踊るタンチョウたちの優美な姿

11月から3月頃、釧路市北部の鶴居村に200羽ほどのタンチョウがエサを求めて集まります。頭のてっぺんが赤いことから「丹頂」と書くこのツルは、日本の野鳥のなかでは最大級の大きさ。翼を広げると2m40cmほどにもなります。白雪の中、首と尾が黒いタンチョウは、ひとつひとつの動きが優美で、飛び立つ姿は豪快でありながら、しなやか。寒さを忘れて見とれてしまいます。鶴居村で最も知られたタンチョウの観察スポットのひとつは、鶴見台。朝と午後に給餌が行われます。もうひとつは、鶴見台から東へ少し離れた音羽橋。川や川岸で休むタンチョウの姿が見られます。タンチョウを観察するときは、決して立ち入り禁止区域には入らないこと。大声などで驚かせない、フ

ラッシュ撮影をしないのも最低限のマナーです。特別天然記念物であるタンチョウは、見守る気持ちで観察しましょう。

旅のヒント 「鶴居・伊藤タンチョウサンクチュアリ」のネイチャーセンターは、館内から望遠鏡でタンチョウを観察できる施設。「釧路市丹頂鶴自然公園」は、季節や天候にかかわらずタンチョウを観察できます。また国内で唯一、タンチョウの生態や行動を研究している「阿寒国際ツルセンター（グルス）」も、野生のタンチョウが見られる給餌場のひとつとなっています。

★所在地／北海道阿寒郡鶴居村
★アクセス／たんちょう釧路空港から鶴見台は、北東へ約28km。音羽橋は北東へ約30km。釧路駅前バスターミナルから阿寒バス鶴居線で約1時間、鶴見台停留所下車。音羽橋は下雪裡停留所下車、徒歩約20分
★問い合わせ先／鶴居村観光協会
★TEL (0154)64-2020
★URL tsuruimura.com

灰

心を「凪」にする灰色の絶景

グレーは神経を和らげてくれる効果があります。
疲れきっているとき、何も考えたくないときに
この色を眺めてみましょう。
ただし、長時間見続けると無気力になってしまうので注意。
「脳みそを空っぽにしたい」一時的なリセットに
灰色の絶景はぴったりです。

薄墨色（うすずみいろ）

仏ヶ浦 ●ほとけがうら

青森県

ここの岩は火山灰などが堆積してできた凝灰岩。
もろく崩れやすいので植物などが生育するのが難しいため、
つねに荒々しい岩肌をさらしている

薄墨色（うすずみいろ）

仏ヶ浦展望台からの眺め。
離れたところから見るので迫力は感じられないが、
複雑な海岸線の様子がよくわかる

薄墨色
うすずみいろ

墨を少し溜流したような淡い灰色。「次墨色」とも呼ばれ、古くより喪服や祈祷を知らせる際に用いられてきた影のある色。

自然のアートか極楽浄土か
下北半島に広がる異世界の海岸

　自然が作り出した不思議な光景は、スケールの大きさと造形美の多彩さで、一幅のアート作品のようです。遊覧船のキャッチコピーは「そこは船で行ける極楽浄土」。そんな大胆な言葉がウソではないと感じられるほど、異質な世界が広がっています。下北半島西部の仏ヶ浦は、凝灰岩が波や雨に削られたり、冬の寒さで亀裂を生じたりして、灰色の彫刻作品とも呼ぶべき奇岩や巨石を露呈している場所です。陸路でも行けますが、仏ヶ浦の北の佐井港から遊覧船に乗るのがおすすめ。出航して30分ほど、最初に目に飛び込んでくる仏ヶ浦の奇岩は五百羅漢。縦長の巨岩がぎっしり立ち並ぶ姿は、ブッダに付き添った弟子たちに見えてきます。そこからは岩龍岩、天龍岩、屏風岩と次々に奇岩が現れます。船を降りて、間近で見学することも可能。あまりにもダイナミックな極楽浄土を体感できます。

旅のヒント　遊覧船は4月末から10月末の運航で所要時間は1時間30分ほど。仏ヶ浦の絶景だけではなく、海路の途中の見どころも楽しめます。5月から7月頃にかけては、運が良ければイルカと出会えることも。仏ヶ浦では桟橋から上陸して30分ほど散策できます。岩場なのでスニーカーなどの歩きやすい靴をはいて、注意して歩くようにしましょう。

国道338号線沿いにある駐車場に車を止めて陸路でアクセスすることも可能だが、奇岩が立ち並ぶ光景は海から眺めたい

★所在地／青森県下北郡佐井村
★アクセス／佐井港へはJR大湊線下北駅から北西へ約60km。佐井村付近は冬季閉鎖道路が多いので注意を
★問い合わせ先／佐井村観光協会
★TEL（0175）38-4515
★URL saikanko.sakura.ne.jp/

223

利休鼠色 〈りきゅうねずみいろ〉

島の正式な名前は「端島」。
遠くから見ると軍艦のように見えたことからこう呼ばれた

2015年7月に「明治日本の産業革命遺産」の構成要素として
世界遺産に登録された。ただ遺構の劣化は進行しており、
未来に向けてどのように保存していくかが大きな問題になっている

軍艦島

ぐんかんじま

長崎県

利休鼠色
りきゅうねずみいろ

緑がかった灰色。落ち着いて品があり、また緑みがあることから、茶人「千利休」に後世の人々がこの色を重ねたことが由来。

近代都市から廃墟の島へ
時代に翻弄された産業遺跡

　かつて海底炭鉱の基地として栄えた島には、周囲わずか1.2kmの中に学校、病院、映画館、商店街が密集し、神社までありました。炭鉱で働く人たちとその家族が暮らし、最盛期の人口は5267人と、日本一の人口密度を記録したこともあります。ところが炭鉱閉山により無人島となった1974年以降、徐々に朽ち果て、「廃墟の島」と呼ばれるようになりました。島に上陸すると、むき出しになった鉄筋や、崩れかけたコンクリートが目につき、生きものの気配はまるで感じられません。その中でアパートに残された生活用具、子どものおもちゃが、妙に生々しく目に映ります。現在、世界遺産登録を推進する一方で、「このまま朽ち果てさせたい」という意見も根強いとか。その複雑な思いは、ここで暮らした人にしかわからないのかもしれません。

 旅のヒント 長崎港の南西約17kmの海上に浮かぶ島へは、長崎港から上陸ツアーが出港。出港前にターミナル内に展示された模型をチェックしておくと、島の全体像がわかります。長崎では路面電車を使って、大浦天主堂、グラバー園、新地中華街、眼鏡橋などの観光スポットも巡ってみたいところ。稲佐山展望台から眺める夜景の美しさも格別です。

島の海岸線はほとんどが
コンクリートで護岸されている。
岩礁を埋め立てて造られた島は、
元の岩礁の面積の三倍の広さをもつことになった

★所在地／長崎県長崎市高島町
★アクセス／個人での上陸は禁止されており、ツアーに参加することが唯一のアクセス手段。ツアーは長崎港から出港し、島までは約30分
★問い合わせ先／軍艦島コンシェルジュ
★TEL (095)895-9300
★URL www.gunkanjima-concierge.com

225

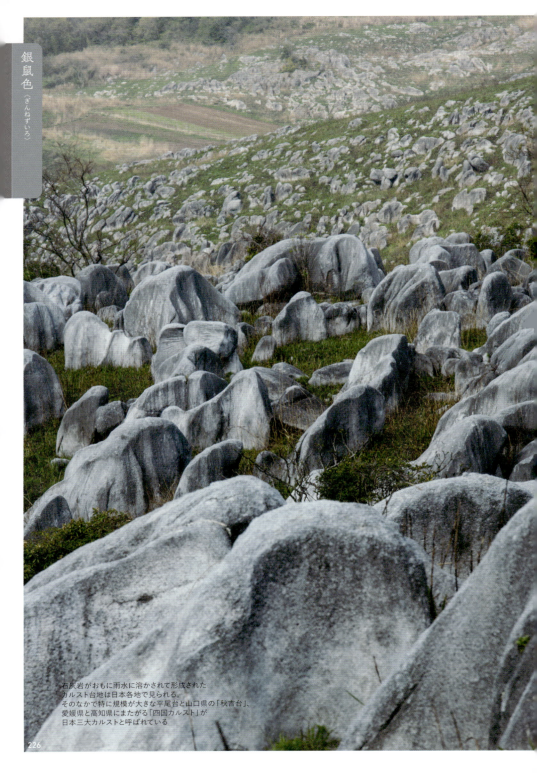

銀鼠色〈ぎんねずいろ〉

石灰岩がおもに雨水に溶かされて形成された
カルスト台地は日本各地で見られる。
そのなかで特に規模が大きな平尾台と山口県の「秋吉台」、
愛媛県と高知県にまたがる「四国カルスト」が
日本三大カルストと呼ばれている

平尾台

ひらおだい

福岡県

銀鼠色
ぎんねずいろ

銀色のような光沢感ある明るい灰色で、わずかな青みがある。洋名は「シルバーグレー」。江戸時代、着物の色として大流行した。

羊の群れの風景も楽しめる雄大なカルスト台地の眺め

　標高300mから700mの平尾台は、南北6km、東西2kmにわたり広がる雄大なカルスト台地。天然記念物、国定公園などに指定され、日本三大カルストのひとつに数えられます。様々な石灰岩が点在しますが、平尾台の代名詞は「羊群原（ようぐんばる）」でしょう。間近で見ると岩そのものなのに、大きく波打つような台地の緑の中にそれらが点在していると、ぽかりぽかりと羊が休んでいる景色に見えます。ほかにも、「ライオン岩」や「鬼の洗濯岩」などユニークな形の岩があちらこちらに見られるので、飽きることなくトレッキングを楽しむことができます。四季折々の花や動物、昆虫なども多彩で、年中違った風景に出会えます。そば打ちや陶芸が体験でき食事処も併設された「平尾台自然の郷」、平尾台について学べる資料館「平尾台自然観察センター」などの拠点も整備されています。

旅のヒント　約200ヵ所の鍾乳洞がある平尾台。代表的なのは最大規模の「千仏鍾乳洞」（P.50-51）。入口から約900mの場所まで照明設備が設置されていて、途中からは小川の中を歩くコースとなっています。最大幅は10m、天井で最も高いところは15mになり、大小30あまりの鍾乳石は圧巻です。初心者でも体験可能なケイビングツアーも用意されています。

鍾乳洞はカルスト台地の地下につくられる石灰岩が溶けてできた空洞。
平尾台で一番知られる鍾乳洞がこの千仏鍾乳洞（P.50-51）

★所在地／福岡県北九州市小倉南区平尾台
★アクセス／JR日田彦山線石原町駅から平尾台地区おでかけ交通で約20分、平尾台観察センター停留所下車。徒歩約15分。九州自動車道八幡ICから東へ約22km
★問い合わせ先／北九州市総合観光案内所
★TEL（093）541-4189
★URL www.gururich-kitaq.com

227

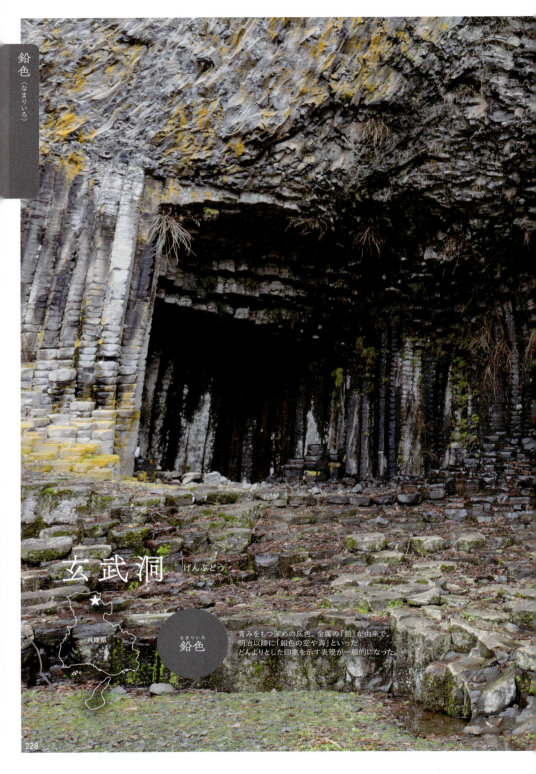

鉛色 〈なまりいろ〉

玄武洞 げんぶどう

兵庫県

鉛色

青みをもつ深めの灰色。金属の「鉛」が由来で、明治以降に「鉛色の空や海」といったどんよりとした印象を示す表現が一般的になった。

太古の地球が作り出した彫刻作品を思わせる5つの洞窟

　遠くから見るとその岩肌は、焼き物の貫入のような、色彩のないモザイク画のような奇妙な紋様。別の場所では細く裂けた岩が、無数に集まって壁を成しています。江戸時代にここを訪れた儒学者は、岩の紋様がカメの甲羅や蛇の鱗に似ていることから、中国の伝説上の動物にちなんでここを「玄武洞」と名付けました。玄武洞は兵庫県の日本海側に近い豊岡市にあります。溶岩が冷えて固まるときに、規則正しい割れ目ができたものを節理と呼びますが、ここで見られるのは割れ目が柱状になっている柱状節理。160万年前の火山活動によって作られました。この岩は切り出しやすいため江戸時代から採石場となり、その跡が特徴的な5つの洞窟として残されています。まるで叫んでいるように大きく口を開けた洞窟群。自然が作り出した、一風変わった芸術作品のようです。

旅のヒント　玄武洞は山陰の有名な温泉地・城崎温泉から車で10分ほど。温泉地を基点として訪れるのがおすすめです。5つある洞窟のうち、青龍洞の前の池では、柱状節理の壁が水面に映り込む「逆さ青龍」が見られます。JR山陰本線玄武洞駅との間を流れる円山川では1日4便遊覧船が運行しています。船上からの玄武洞の眺めを楽しめます。

★所在地／兵庫県豊岡市赤石
★アクセス／JR山陰本線城崎温泉駅からタクシーで約10分。駅からレンタサイクルで約5km、約15分。JR山陰本線豊岡駅からのアクセスも可能
★問い合わせ先／玄武洞公園
★TEL（0796)22-4774
★URL genbudo-park.jp

洞窟内に立ち入ることはできないが、洞窟の周辺は玄武洞公園として整備されているので間近でこの不思議な自然の造形が見学できる

錫色（すずいろ）

波崎ウインドファーム

●はさきウインドファーム

錫色（すずいろ）

シルバーに近い明るい鼠色。
銀白色の金属、錫に由来し、鼠色よりも光沢感があり、皇族も着用していたため、高貴な色とされている。

茨城県

230

忽然と現れる巨大な風車に圧倒され非日常な世界を堪能できる

東関東自動車道を潮来ICより太平洋側に向かって車を30分ほど走らせると、海風を受けて勢いよく回る何基もの風車が見えてきます。茨城県神栖市には多数の風力発電所が設置されており、2004年に誕生したこの波崎ウインドファームもそのひとつ。鹿島灘に向かって並ぶこの風車群は、テレビドラマや映画のロケが行われてきたので、目にしたことがある人も多いかもしれません。海岸沿いには簡易展望台があり、風車群の先に太平洋を望むことができるスポットです。風力発電施設の建て替えが頻繁に行われるので、神栖市観光協会のホームページなどを確認してから出かけてみましょう。青空に映える真っ白な風車も圧巻ですが、あえておすすめしたいのは曇天の空と鈍色の海の間にそそり立つ風車の絶景。少しぞわっとするこの光景は、あなたを一気にディストピア感あふれる非日常へ連れていってくれるでしょう。

波崎ウインドファームは須田浜海岸の近く、シーサイド道路に面しています。この12基の風車で年間発電量は約3500万kwhで、一般家庭1万世帯分の電力を賄うといいます。海岸沿いにある木造の簡易展望台から南へ進むと展望施設シーサイドパークがあり、この公園内の金属製の展望台からも違った角度の風車群が見られます。

★所在地／茨城県神栖市波崎〜矢田部
★アクセス／JR総武本線銚子駅からタクシーで30分程度。東関東自動車道潮来ICから南島へ約40km
★問い合わせ先／神栖市観光協会
★TEL (0479)26-3021
★URL www.kamisu-kanko.jp

2024年12月より、発電設備の建て替えのために施設の撤去がすすめられており、順次新しい風車が登場する予定だ

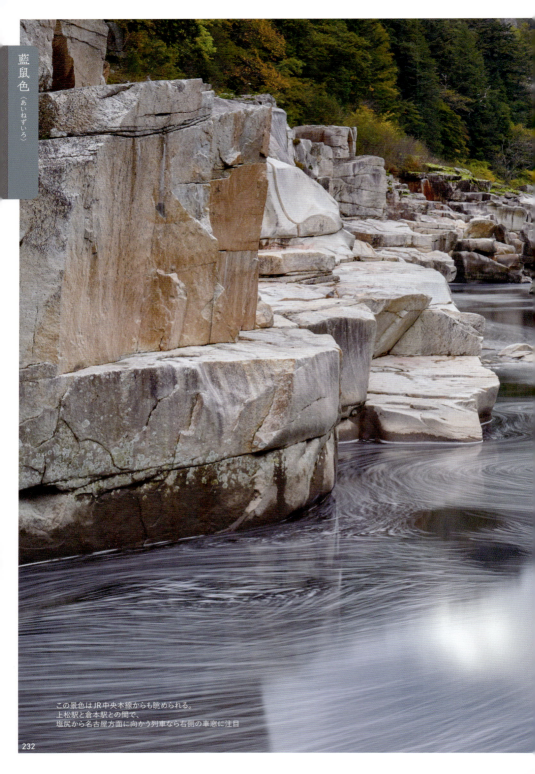

藍鼠色
〈あいねずいろ〉

この景色はJR中央本線からも眺められる。
上松駅と倉本駅との間で、
塩尻から名古屋方面に向かう列車なら右側の車窓に注目

寝覚の床

●ねざめのとこ

長野県

藍鼠色
（あいねずいろ）

暗めの紺がかった灰色。質素倹約が叫ばれた江戸で大流行した鼠色は「四十八茶百鼠」の言葉通り多くの色種があり、藍鼠もその一つ。

木曽川の清流と対峙するような
四角い巨石群の険しい眺め

臨川寺の境内に入り、線路沿いの石段を降りて行くと、ごろごろと大きな灰色の石が現れます。そこは木曽川の川岸。木曽川はやさしい流れですが、巨石群は対照的な険しい景観を見せています。寝覚の床と呼ばれるこの場所は、木曽八景であり、日本五大名峡のひとつ。2020年には中央アルプス国定公園に指定されています。寝覚の床の散策は、先へと続きます。この巨石群の上を歩いていくのです。木曽川により削られた花崗岩は、縦にひび割れ四角い箱型の形になっています。巨石と巨岩が入り組んだ川辺は、当然、歩きにくいので細心の注意が必要です。スニーカーなど歩きやすい靴も必須。ほとんどアスレチックのような状況となります。ただし、足腰に自信がない場合は展望スポットから全景を眺めることができますし、ガラス越しに絶景が楽しめるレストランもあります。

旅のヒント 寝覚の床には由来となった浦島太郎伝説があります。竜宮城から帰った浦島太郎は諸国の旅へと出かけ、この地を気に入り、しばらく滞在したというもの。ここで浦島太郎は玉手箱を開き"寝覚めた"と伝えられます。老人となった浦島太郎は姿を消しましたが、寝覚の床には弁財天の像が残されていました。それを祀って建立されたのが寝覚の床の入口である臨川寺といわれます。

★所在地／長野県木曽郡上松町寝覚
★アクセス／JR中央西線上松駅から上松町コミュニティバスで約5分、寝覚の床停留所下車。中央道伊那ICから南西へ約60km
★問い合わせ先／上松町観光協会
★TEL（0264）52-1133
★URL kiso-hinoki.jp

素鼠色〈すねずみいろ〉

20階建てのビルに相当する高さ約60mの岩壁を下から見上げる。すべて石を切り出した跡ということに驚かされる

石切山脈

いしきりさんみゃく

100年以上続く採石場が見せる
自然と人が生み出した異質な空間

　湖面に周囲の岩肌が映り込んでいる眺めには、少々違和感を覚えます。驚くほど高い岩壁のせいかもしれませんが、それが自然にできたものではないことが一番の理由でしょう。100年以上続いた稲田石の日本最大級の採掘現場は、自然と人が格闘して作り上げた風景です。「石切山脈」と呼ばれるこの山地一帯は、東西約10km、南北約5km、地下1.5kmにもおよぶ岩石帯。ここで採掘される稲田石は花崗岩の一種で白御影石とも呼ばれます。白く美しい色調が特徴で、東京駅や国会議事堂など、全国の歴史的建造物に使用されてきました。眺めていた湖風景は、現在は使われていない前山採石場。地下65mまで採掘後、わき水や雨水により湖となりました。多くの重要な建造物の建材がここから運ばれたのだと思うと、歴史的な偉業を成し終えた凛々しい姿にも見えてきます。

旅のヒント　前山採石場などが見学できる一般入場のほかに、プレミアムツアーも用意されています。事前の予約が必要ですが、現在も採掘を続けている現場を専門ガイドが車で案内する約1時間のコースで1日に4回実施。採石場までオフロード走行が楽しめ、大型の重機などが活躍する一般非公開の迫力満点の採掘作業を目の前で見学することができます。

素鼠色
(すねずみいろ)

純粋な鼠色。黄みがかる灰色に対して、鼠色は青みが加わる。「墨の五彩」(濃、焦、重、淡、清)の真ん中「重」にあたる中明度の色。

湖は地下65mまで採掘した跡の場所に雨水などが溜まったもの。「地図にない湖」などと呼ばれている

★所在地／茨城県笠間市稲田
★アクセス／JR水戸線稲田駅から徒歩約20分。北関東自動車道笠間西ICから北東に約6km
★問い合わせ先／石切山脈
★TEL (0296)74-2537
★URL www.ishikiri-sanmyaku.com

黒

「自分を高める」黒の絶景

光の相対として、
暗さ、静寂を表すブラックですが、
厳粛や高尚といった魅力も併せ持っています。
ぼんやりとした現状にメリハリを付け、
自己輪郭をはっきりさせたいとき、
この色の絶景に会いに行ってみてはどうでしょう。

藍墨茶色〈あいすみちゃいろ〉

秩父の夜の雲海に透けて浮かぶ
街のきらめきと山々のシルエット

　秩父は大自然に囲まれていながら、都心からアクセスが良いため人気の観光スポット。最近話題なのが「雲海」です。特に、秩父の夜景が雲海にぼんやりと浮かぶ「雲海夜景」は、ほかでは見られない絶景として注目されており、「日本夜景100選」にも選ばれています。雲海が発生するのは、雨が降った翌日といわれます。さらに、昼夜の温度差が激しく、風がない日がきれいな雲海発生の条件。「雲海夜景」が見られる確率が高いのは11月だとされます。見学スポットのひとつは標高約580mの蓑山にある「美の山公園」。3つの展望台があり、秩父盆地を一望できます。もうひとつは「秩父ミューズパーク展望台」。こちらは標高360mほどです。どちらからも、黒い山並みのシルエットをバックに街明かりがきらめいたり、雲海ににじんだりする幻想的な景色が眺められます。

旅のヒント　「美の山公園」「秩父ミューズパーク展望台」ともに車で行くことができますが、展望台までは歩くので、懐中電灯などの灯りを用意した方が無難です。ミューズパーク内には「PICA秩父」、美の山公園近くには「いこいの村ヘリテイジ美の山」という宿泊施設も。泊まって「雲海夜景」や早朝の雲海を、時間を気にせずゆっくりと眺めるのもおすすめです。

★**所在地**／埼玉県秩父市
★**アクセス**／美の山公園へは秩父鉄道秩父駅から約10分、皆野駅下車。タクシーで約15分。最寄り駅から登山の場合は親鼻駅、和銅黒谷駅下車がおすすめ
★**問い合わせ先**／秩父市観光課
★**TEL**（0494）25-5209
★**URL** navi.city.chichibu.lg.jp

地表の温度が下がる明け方から早朝にかけてが、雲海が最も発生しやすい時間帯

秩父の雲海夜景
<small>ちちぶのうんかいやけい</small>

埼玉県

藍墨茶色
<small>あいすみちゃいろ</small>

青みを帯びた濃い墨色。江戸時代、喧嘩落着の際、お互いの着物をこの色に染めあったという逸話から別名「相済茶」とも呼ばれる。

褐色
〈かついろ〉

八重山諸島の石垣島には9種類ものホタルが生息している。
そのうち発光するのはヤエヤマヒメボタルを含めて4種類のみ

八重山蛍

●やえやまほたる

八重山諸島の夜を明るく彩る
ホタルたちのイルミネーション

　小さな光の粒が一面に広がり、季節外れのクリスマスイルミネーションのように明滅しています。光を発しているのは、石垣島をはじめ、八重山諸島にのみ生息するヤエヤマヒメボタル。ホタルは本州では初夏のイメージですが、ヤエヤマヒメボタルが見られるのは3月から6月にかけてのこと。日本一早い時期に姿を見せるのがこのホタルです。またヤエヤマヒメボタルは体長3mmほどで日本一小さなホタルとしても知られています。オスがメスへのアピールのため光るといわれ、その光が見られるのは日没から数時間だけ。ほかのホタルと異なり、地表の低いところを飛ぶので、たくさんのホタルが集まるところは光の絨毯のように見えることも。とはいえホタルの光は淡く、暗いところで明滅するだけ。観察の際は懐中電灯やスマホの灯りを付けず暗い状態を保つようにしましょう。

旅のヒント　石垣島のホタル観察スポットはいろいろありますが、最も有名なのは「バンナ公園」でしょう。島中心部のバンナ岳を公園にした日本最南端のネイチャーパークで、市街地からも車で10分ほどの好立地。AからEゾーンに分かれ、Dゾーンにある「ホタル街道」でホタルが観察できます。駐車場やトイレ、散策路が整備されていて、安全、快適に観察が楽しめます。

沖縄県

褐色
（かっいろ）

黒みを帯びた紺色で、「かちいろ」とも呼ばれ、「勝色」として縁起をかつぎ、武士が鎧や武具に好んで使用していた。

ヤエヤマヒメボタルのオス。
メスには羽がなく飛ぶことができない。
ホタルは成虫になってからの寿命は1週間ほど。
その間にオスはパートナーになるメスを探して、
次世代へ命をつないでいく

★所在地／沖縄県石垣市
★アクセス／バンナ公園までは新石垣島空港から南西へ約12km
★問い合わせ先／石垣市観光交流協会
★TEL（0980）82-2809
★URL yaeyama.or.jp

241

紺鼠色 (こんねずいろ)

宇土市観光物産協会のホームページには潮位と日の入り時間、
月齢によっていつが見頃になるかを月ごとに示す情報が掲載されているので
参考にしてみたい

御輿来海岸

●おこしきかいがん

紺鼠色
こんねずいろ

わずかな青みを残した濃い鼠色。同系色の「紺滅」よりも青みが少なく深い色で、「四十八茶百鼠」の中の一色。

熊本県

変幻自在の砂紋が描く曲線美は帝をも魅了した神秘的な光景

『日本書紀』にたびたび登場する第12代景行天皇の筑紫路巡幸。宇土半島の北岸にある海岸の名は4世紀の中ごろ、この地を訪れた天皇が干潟模様の美しさに魅了され、御輿を止めて休まれたことに由来すると伝えられています。日本で最も干満の差が激しい有明海。干潮時になると沖合い2km先まで潮が引き、現れた干潟には独特の三日月形をした砂紋が東西約5kmも続きます。とりわけ年間数日しかない、干潮と夕日が重なるタイミングには「幻の絶景」とも呼ばれる景色が目の前に広がります。金色に輝く干潟に彫刻のような砂紋がくっきりと浮かび上がり、刻々と姿を変えていく光景は、ドラマチックで神秘的。全国から集まってくるカメラマン垂涎の的です。帝を魅了した絶景は千数百年の時を経てなお、多くの人を惹きつけてやみません。

旅のヒント 干潮時、干潟に美しい砂紋が現れるので、潮見表をチェックして訪れましょう。宇土市観光協会のサイトでは干潮の時間帯、潮位とともに、干潮と夕日が重なる日を公開しています。晴天時、有明海を挟んだ対岸に見える雲仙普賢岳の光景も格別。全景は、御輿来海岸展望所から見られます。年に10日あまりの絶景日には、全国から観光客が訪れます。

★所在地／熊本県宇土市下網田町
★アクセス／JR三角線網田駅下車、徒歩約15分。九州自動車道松橋ICから西へ約21km、約40分
★問い合わせ先／宇土市観光物産協会
★TEL (0964) 22-1111
★URL city-uto.com

呂色
〈ろいろ〉

滝が流れ落ちる音だけが響く洞窟の内部は
神秘的な雰囲気

シワガラの滝

しわがらのたき

呂色（ろいろ）

漆工芸の技法のひとつで、上塗りに加え研ぎで磨きあげる「呂色塗り」を由来とする深みのある艶やかな黒色。「蝋色」と書くことも。

兵庫県

渓谷の奥深くで流れ落ちる洞窟の中の秘密の滝

　岩と岩のすき間から洞窟へ入り込むのは勇気がいるかもしれません。渓谷の岩場は威圧感があり、洞窟内は黒々としています。しかし歩いていくと、洞窟の奥には後光のように光が差し込み、苔むした左の岩場を白く輝く水が流れ落ちています。水飛沫が立ち、洞窟の中には水音が幻想的に響きます。秘境の洞窟の中に見られるこの「シワガラの滝」は、周辺の大小の滝の中でも、随一の絶景であることに誰も異論はないでしょう。それは高さ約10mから落ちる羽衣のような滝が、岩の切れ目から差し込む光で神秘的に見えるためだけではありません。滝までの道のりが難所続きであり、まさに山奥のさらに奥へと分け入ってきて、本当の秘境にたどり着いたという達成感に満たされているためでもあるのです。ようやく目にした「シワガラの滝」は控えめな姿にもかかわらず、自然の雄大さを感じさせます。

旅のヒント　「シワガラの滝」へは駐車場から片道30分ほど歩きます。渓流沿いや川の中を進むため、靴や服装はそれなりの準備が必要です。駐車場には注意事項の看板があり、ツキノワグマやハチ、マムシなどにも注意するよう記されています。マムシ対策には長靴が推奨され、クマ鈴の装備も必要。クマを目撃した場合は、刺激せず直ちに後退、退避してください。

滝がある洞窟の入口。
滝に至る道は途中に鎖場など
難易度の高い箇所がいくつかあるので、
軽装でのアプローチは危険だ

★所在地／兵庫県美方郡新温泉町海上
★アクセス／北近畿豊岡自動車道和田山ICから北西へ約70km
★問い合わせ先／上山高原エコミュージアム
★TEL（0796）99-4600
★URL www.ueyamakogen-eco.net

245

黒紅色〈くろべにいろ〉

川面にきらめく冬蛍は幻想的な漁船の灯火

　徳島県を東西に流れる四国一大きな吉野川。その河口付近で冬から春にかけて見られる幻想的な光景があります。「とくしま市民遺産」にもなっている冬の風物詩、シラスウナギ漁です。

　漁が解禁となるのは毎年12月15日から4月下旬頃。潮に乗って遡上してくるシラスウナギを狙うもので、川面を明るいライトで照らし、集まってくるシラスウナギの稚魚を狙います。真夜中の川面に点在する無数の漁火。とても幻想的な光景です。

　漁が行われるのは深夜1時から4時頃。大潮前後の干潮から満潮の時間帯が最も漁に適しているといわれています。光を使う漁なので、月明かりがまぶしい満月前後の夜は漁の船は減るそうです。日によって漁に出る船の数が変わりますが、多い日は真っ黒な川面に灯る光が、まるで暗闇で光る蛍のように見えます。

 旅のヒント　シラスウナギ漁は吉野川にかかる3つの橋の上から見ることができます。河口から「阿波しらさぎ大橋」「吉野川大橋」「吉野川橋」となり、「吉野川大橋」が真ん中にかかっていることもあり、行き来する船をとらえやすいといわれています。

★所在地／徳島県板野郡松茂町豊岡山ノ手吉野川河口付近
★アクセス／JR 徳島駅から徳島バス(川内循環バス)で約10分、吉野川大橋停留所下車
★問い合わせ先／徳島市にぎわい交流課
★TEL (088)621-5232
★URL funfun-tokushima.jp

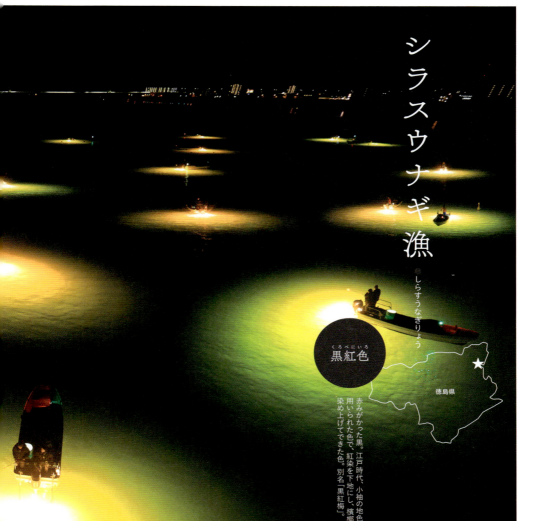

シラスウナギ漁

しらすうなぎりょう

黒紅色
くろべにいろ

徳島県

赤みがかった黒。江戸時代、小袖の地色に用いられた色で、紅染を下地にし、檳榔樹の実で黒に染め上げてきた色。別名「黒紅梅」。

最も漁が盛んなのは1〜2月の深夜2〜3時頃といわれている。
川にかかる橋の上から眺めるのが一般的。
吹きっさらしの場所で見ることになり、かなり冷えるのでしっかりと防寒対策を

檳榔子黒色 〈びんろうじぐろいろ〉

P.226-227で紹介している平尾台と同じく、日本を代表するカルスト台地である秋吉台の地下100mにある日本有数の鍾乳洞

秋芳洞

あきよしどう

山口県

3億5千万年の時間が作り上げた
大鍾乳洞に太古の世界を見る

　地面にぽっかりと口を開けた大穴から洞窟をのぞくと、ここに入ったら二度ともとの世界に戻れないのではないか。一瞬、そんな気持ちになります。3億5千万年前に生まれたサンゴ礁が石灰岩の台地となり、そこに降った雨が岩の割れ目からしみ込み、浸食を繰り返しながら100mの地下に空洞を作りました。天井から氷柱のように下がる鍾乳石は、今でも休まず成長を続けています。1cm伸びるために70年かかるとも、2000年以上かかるともいわれますが、どちらにしても気が遠くなる年月であることに変わりありません。地上に広がる秋吉台は、森林だった時代もあったとか。人の手により木が伐られ、草原として利用されるようになったといいます。時間が止まったかのような光景ですが、そこには確かに人々の営みの足跡も刻まれているのです。

旅のヒント　鍾乳洞内への入り口は、黒谷案内所、秋芳洞入口、エレベーターがある秋吉台案内所の3カ所。約1kmの観光コースが延び、内部の気温は一年を通じて17℃前後。マリア観音、大仏岩、百枚皿と名付けられた鍾乳石は必見。別料金で入場する「冒険コース」では、岩肌を登ったり、狭い岩の間をすり抜けたりと、スリリングな気分を味わえます。

檳榔子黒色（びんろうじぐろいろ）

青みが隠された奥行きのある黒。藍を下染めしたものに檳榔子（檳榔樹の実）で黒く染めたもので、別名「藍下黒」とも。紋付の最高級色。

鍾乳洞のハイライトがこの「百枚皿」。気の遠くなるような歳月をかけて、500枚ものテラス状の鍾乳石のお皿ができあがった

★所在地／山口県美祢市秋芳町
★アクセス／JR山陽新幹線・山陽本線新山口駅から防長バスで約40分、秋芳洞バスセンター下車。中国自動車道美祢ICから北東へ約11km、約15分
★問い合わせ先／美祢市観光協会
★TEL (0837)62-0115
★URL karusuto.com

249

漆黒色
〈しっこくいろ〉

この施設は全長6.3kmにもなる首都圏外郭放水路の一部で、洪水を貯める5つの「立坑」から流れてくる水の勢いを弱め、スムーズな流れを確保するための「調圧水槽」の役目を担っている

地下に巨大な柱が立ち並ぶ
暗黒の神殿を思わせる空間

　首都圏外郭放水路について学べる施設「龍Q館」の前には多目的グラウンドが広がります。近くに建つ小屋のドアを開け階段を下ると、すぐに異様な空間が眼下に現れます。うす暗い空間はとにかく広大で、規則正しく立ち並ぶコンクリートの柱も巨大であることがわかるものの、比較できる建物がないため、その大きさの感覚がわかりません。ここの別名は「地下神殿」。約100段の階段を降りると、柱の太さ高さが想像以上であることに気づきます。「調圧水槽」と呼ばれるこの空間は、高さ25m、幅78m、長さ177m。柱は59本並びます。埼玉県を流れる5本の川が洪水となった際、あふれた水は地下放水路を通り、ここから江戸川へ流されます。かつて洪水で苦しんだ地域を、この巨大施設は守っているわけです。その役割に脱帽しつつ、施設の巨大さにはただただ呆然とするしかありません。

旅のヒント 首都圏外郭放水路は全長6.3kmに及ぶ世界最大級の地下放水路。中小河川の洪水被害を大きく軽減しています。最近では「調圧水槽」のほかに、非公開だった作業用通路やガスタービン部など4つの見学コースが設けられています。なかにはハーネス（安全帯）やヘルメットを装着するコースも。よりディープな世界が見られることから、大きな話題となっています。

★**所在地**／埼玉県春日部市上金崎
★**アクセス**／東武野田線南桜井駅から春日部市コミュニティバスで約10分、龍Q館停留所下車。圏央道幸手ICから南東へ約13km
★**問い合わせ先**／首都圏外郭放水路
★**TEL** (048)747-0281
★**URL** gaikaku.jp

首都圏外郭放水路

漆黒色
しっこくいろ

しゅとけんがいかくほうすいろ

その名の通り、黒漆（くろうるし）を塗った
漆器のような奥行きのある黒色。
最も暗い「黒色」であり、「純白」の対極の色とされる。

埼玉県

濡羽色
〈ぬればいろ〉

地上に比べ空気の透明度が違うので、山上では驚くほど星がクリアに見える。
街中ではまず見ることができない天の川も山の上ならばっちり

八方池

はっぽういけ

濡羽色
ぬればいろ

濡れたカラスの羽のような、艶やかな黒色。「濡烏」「烏羽色」とも呼ばれ、古より女性の美しい髪を形容する色として使われてきた。

長野県

標高2000mの水面に天の川が降り注ぐ

　リフトの終点から約1.5km、高低差約230mの八方尾根は人気のハイキングコース。1時間半ほど尾根に造られた登山道を頑張って登りきると、目の前に白馬連峰の大パノラマが現れます。そして足元には、山上の小さな池。周囲の峰々を水面に映す美しい池です。八方池は、雪に押し出された土砂が堆積した場所に雪解け水や雨水が溜まってできたもの。

　四季折々の景色を映し出す水鏡も見応えがありますが、煌めく星空が水面に映る夜の景色も格別です。リフト終点近くの八方池山荘から池まで、ヘッドライトを頼りに真夜中のハイキングを楽しみます。歩みを止めて、ライトを消して空を見上げれば怖いくらいの満天の星空。そうして到着した八方池には水の中にも星空が広がる神秘の光景が。水面を流れる天の川に思わず願いを届けてみたくなります。

旅のヒント 8〜9月にかけては、「星空観察会」が八方尾根のうさぎ平で開催されています。夜のゴンドラリフトに乗るだけで絶景を楽しめるとあって、子ども連れにも人気の催しです。天の川や眼下に広がる白馬の街の夜景も楽しむことができます。

星空観察は装備や安全面からも夏がベスト。条件があえば雲海から昇ってくるご来光も望める

★所在地／長野県北安曇郡白馬村大字北城八方
★アクセス／JR長野駅からアルピコ交通特急バス長野─白馬で約1時間20分、白馬八方バスターミナル下車。徒歩約15分で白馬八方尾根スキー場着。ゴンドラとリフトを乗り継ぎ、約40分で八方池山荘着
★問い合わせ先／八方尾根インフォメーションセンター
★TEL (0261) 72-3066
★URL www.happo-one.jp

253

本書で紹介している色

| 表紙 | アフロ |
| 裏表紙 | 片岡巌／アフロ |

- GOTO AKI／アフロ（P.226）
- HOK／アフロ（P.196-197）
- KENJI GOSHIMA／アフロ（P.76下、P.164、P.202）
- KONO KIYOSHI／アフロ（P.39、P.161、P.230-231）
- T-STUDIO／アフロ（P.98-99）
- wataroute／アフロ（P.107）
- Yoshiyuki Kaneko／アフロ（P.66-67、P.181）
- YUSUKE AKIYAMA／アフロ（P.232-233）
- YUTAKA／アフロ（P.225）
- アールクリエイション／アフロ（P.60-61）
- アフロ（P.2-3、P.15、P.48、P.70、P.94-95、P.97、P.110、P.124、P.125、P.132-133、P.146、P.158-159、P.182-183）
- 石原正雄／アフロ（P.173）
- 今井悟／アフロ（P.253）
- イメージ・アイ／アフロ（P.14上）
- イメージナビ／アフロ（P.192）
- イメージマート（P.118-119、P.186、P.213、P.234、P.250-251）
- 岩沢勝正／アフロ（P.178）
- 岩本圭介／アフロ（P.24-25、P.46-47）
- 植木勤／アフロ（P.208-209）
- 上村孝幸／アフロ（P.34-35）
- 蛯子渉／アフロ（P.23、P.26-27）
- エムオーフォトス／アフロ（P.40上、P.41、P.170-171、P.187、P.214）
- 遠藤和宏／アフロ（P.80-81、P.206-207）
- 大塚武／アフロ（P.22、P.172）
- 大西義和／アフロ（P.54-55）
- 大野弘一／アフロ（P.33、P.138-139、P.141、P.200-201）
- 大森通明／アフロ（P.122-123）
- 岡本良治／アフロ（P.245）
- 小川秀一／アフロ（P.100上、P.100下、P.101、P.106）
- 奥田健一／アフロ（P.228-229）
- 風間康夫／アフロ（P.136-137、P.112-113）
- 片岡巌／アフロ（P.29、P.32、P.40下、P.58-59、P.111、P.130、P.140、P.220-221、P.236-237、P.252）
- 川北茂貴／アフロ（P.126-127、P.131、P.238-239）
- 河口信雄／アフロ（P.76上、P.92-93、P.144、P.165、P.248）
- 黒田浩／アフロ（P.88-89、P.156-157）
- 古岩井一正／アフロ（P.152-153）
- 後藤昌美／アフロ（P.120、P.224上）
- 小早川渉／アフロ（P.210-211）
- 小松啓二／アフロ（P.17、P.180）
- 実田謙一／アフロ（P.135）
- 清家忠信／アフロ（P.38上）
- 高橋暁子／アフロ（P.168-169）
- 高橋智裕／アフロ（P.160）
- 高橋よしてる／アフロ（P.14下、P.82）
- 高松ミミ／アフロ（P.203）
- 田上期／アフロ（P.74-75、P.128-129）
- 田中重樹／アフロ（P.162、P.163）
- 田中秀明／アフロ（P.1、P.52-53、P.56-57、P.63、P.108-109、P.147）
- 田中正秋／アフロ（P.64-65、P.84-85、P.90-91、P.96、P.102-103）
- 玉置じん／アフロ（P.154-155）
- 丹羽修／アフロ（P.121）
- 千葉直／アフロ（P.242-243）
- 月岡陽一／アフロ（P.249）
- 筒井健作／アフロ（P.198-199）
- 椿雅人／アフロ（P.78-79）
- 富田眞一／アフロ（P.218-219）
- 中尾由里子／アフロ（P.224下）
- 中島洋祐／アフロ（P.115）
- 縄手英樹／アフロ（P.18-19、P.20-21、P.36-37、P.38下、P.50、P.51、P.72-73、P.77、P.148-149、P.174-175、P.176-177、P.188-189、P.190、P.191、P.212、P.246-247）
- 西垣良次／アフロ（P.28）
- 西川貴之／アフロ（P.205）
- 橋本政博／アフロ（P.104、P.244）
- バドインターナショナル／アフロ（P.44-45）
- 早坂卓／アフロ（P.116-117）
- 樋口一男／アフロ（P.12-13、P.86-87、P.184-185、P.193、P.227）
- 深澤武／アフロ（P.240、P.241）
- 藤田秀男／アフロ（P.150、P.151）
- 穂積久／アフロ（P.215）
- 牧岡幸太郎／アフロ（P.235）
- 村河敦／アフロ（P.43）
- 森田裕貴／アフロ（P.166-167）
- 森山雅友／アフロ（P.216-217）
- 八木豪彦／アフロ（P.142-143）
- 矢部志朗／アフロ（P.83、P.194-195）
- 山口博之／アフロ（P.30-31、P.49、P.68-69、P.145）
- 山下茂樹／アフロ（P.114）
- 山梨勝弘／アフロ（P.10-11、P.16、P.105、P.204、P.222、P.223）
- 峰脇英樹／アフロ（P.62、P.134）
- 渡辺広史／アフロ（P.42上、P.42下）

100色をめぐる旅

日本の絶景パレット

2025年5月10日　第1刷発行

編著	永岡書店編集部
編集	有限会社オフィス・ポストイット 永岡邦彦＋五箇貴子＋井上真智子
編集協力	時田慎也
カバーデザイン	公平恵美
本文デザイン	戸部明美
写真協力	株式会社アフロ 北見一夫
表紙	高ボッチ（アフロ）
発行者	永岡純一
発行所	株式会社永岡書店 〒176-8518　東京都練馬区豊玉上1-7-14 電話：03-3992-5155（代表）　03-3992-7191（編集）
印刷	クループリンティング
製本	クループリンティング

本書の無断複写・複製・転載を禁じます。落丁本・乱丁本はお取り替えいたします。
ISBN978-4-522-44137-4　C0026